La diplomatie économique de la Corée du Sud

Joachim TÉDIÉ

La diplomatie économique de la Corée du Sud

Quelles leçons pour l'Afrique ?

Préface de Jean Emmanuel Pondi

L'Harmattan

DU MÊME AUTEUR

Coopération Chine-Afrique : impact sur les infrastructures du Cameroun, 2015.

5-7, rue de l'École-Polytechnique, 75005 Paris
http://www.editions-harmattan.fr
ISBN : 978-2-343-14784-0
EAN : 9782343147840

DÉDICACE

À mon feu papa Germain FEUMO

et au Docteur LEE HAN KYU.

PRÉFACE

Il est de coutume d'entendre dire qu'au au cours des années 50-60, la Corée du Sud avait un niveau de développement sinon inférieur du moins égal à celui de la majorité des pays africains. Plusieurs de ces pays, y compris le Cameroun, ont apporté leur aide à la Corée par solidarité internationale. En moins de quatre décennies à partir des années 64, la Corée du Sud a mis en place des réformes profondes qui l'ont progressivement éloignée du cercle vicieux de la pauvreté pour la rapprocher et l'introduire pleinement dans le cycle vertueux de la richesse et de la prospérité. En rejoignant le club très fermé des pays de l'OCDE au début des années 90, la Corée du Sud est définitivement passée d'un pays bénéficiaire de l'Aide Publique au Développement à un pays donateur d'aide.

Comment s'est opérée cette métamorphose ? L'erreur la plus importante à corriger c'est l'irrésistible tentation de comparer les économies coréennes et africaines. En effet, même si les agrégats macroéconomiques des deux entités semblaient conformes aux descriptions faites par les observateurs des années 50 et 60, en surface, il y avait une différence fondamentale qui distinguait chacune des parties concernées : alors que la Corée du Sud avait conservé son socle culturel, éducationnel, spirituel et civilisationnel, celui des pays africains avait été considérablement entamé, dévalorisé, voire pillé.

Ce facteur de disparité culturelle explique en grande partie la différence des réactions, des tempéraments et des efforts de développement observés dans les deux cas, avec des résultats constatés quatre décennies plus tard.

Le développement fulgurant et inattendu de la Corée du Sud continue d'être interprété par de nombreux chercheurs comme un miracle. Au regard d'une analyse rapide, l'on peut effectivement parler de « miracle ». La Corée du Sud, un pays établi sur une superficie de moins de cent mille kilomètres carrés, dépourvu de ressources naturelles, fait l'objet d'une grande curiosité parmi ceux-ci, chacun essayant de s'intéresser à un aspect d'une réalité pour décrypter et démystifier son processus de développement.

Dans cette vaste quête des clés du développement sud-coréen, il est heureux que Monsieur TEDIE JOACHIM, jeune diplomate camerounais et chercheur en Développement international, se soit intéressé à un aspect crucial du développement de ce pays à travers le décryptage de sa diplomatie économique en Afrique.

Grâce à la présente réflexion intitulée : « **La diplomatie économique de la Corée du Sud : quelles leçons pour l'Afrique ?** », l'auteur interroge les ressorts de la diplomatie économique sud-coréenne en mettant en exergue les finalités de son déploiement sur le continent africain, en scrutant les approches et les moyens d'action mis au service des objectifs qu'elle poursuit.

Selon l'auteur, la Corée du Sud doit son excédent commercial d'environ 90 milliards de dollars en 2015, à une diplomatie économique rigoureusement pensée et offensive, une diplomatie dont l'État coréen constitue le principal pivot qui distribue les rôles précis autant aux institutions publiques qu'aux entreprises privées.

Plus intéressant en revanche est le constat effectué par ce dernier sur l'appréhension des pays africains en général et du Cameroun en particulier sur les vertus de la diplomatie économique. Jusqu'ici, nombreux sont ces pays en développement qui considèrent les représentations diplomatiques comme des institutions budgétivores.

Or, à travers un argumentaire bien mené et convaincant, Monsieur TEDIE parvient à démontrer le contraire et encourage plutôt les pays africains à développer des stratégies de conquête des marchés de niches, en assignant des responsabilités évaluables ainsi que les moyens d'action à leurs services extérieurs, des résultats suivront.

Après avoir apporté sa pierre à la construction de l'édifice de la Coopération entre la Chine et l'Afrique avec d'autres travaux tout aussi passionnants, Monsieur TEDIE JOACHIM voudrait à présent convier son lecteur dans les dédales très prometteurs de la diplomatie économique. Un outil encore très peu maîtrisé par les pays en développement.

La réussite de cette noble et salutaire mission repose cependant sur un facteur majeur : la reconnaissance du fait qu'au-dessus de toutes les préoccupations, doit se trouver celle de maximiser la formation des ressources humaines dans un contexte de valorisation permanente de sa propre culture.

Il importe pour les Africains de tirer une fois pour toutes les vraies leçons de l'expérience des autres êtres humains, pour se libérer des affres de la pauvreté et de la misère. C'est en comprenant que la première pauvreté est d'abord mentale et que la haine de soi ne pourrait en aucun cas constituer un socle à partir duquel l'on pourrait envisager quelque développement que ce soit.

Comme pour les Coréens, la fierté culturelle représente le meilleur tremplin que les Africains doivent utiliser pour se catapulter vers un futur radieux. En 2050, avec deux milliards d'habitants dont la moitié aura moins de 18 ans, comment dire ou penser que ce projet de développement ne soit pas possible ?

Je formule le vœu que les universitaires, les décideurs politiques, les étudiants et le grand public en Afrique et à travers le monde trouvent dans cette importante réflexion, un début de réponse aux questions qu'ils se posent au sujet du rôle de la diplomatie économique comme outil d'accélération du développement en général. C'est un ouvrage agréable à lire, je l'ai lu et je vous le conseille très vivement.

Pr. Jean Emmanuel Pondi

Doyen du Collège des Sciences sociales de l'académie des Sciences du Cameroun

INTRODUCTION GÉNÉRALE

Dès les années d'indépendance des pays africains, la Corée du Sud a fait de la coopération politique avec les nouveaux pays indépendants le principal pilier de son positionnement sur la scène internationale. Les relations de coopération avec ces pays étaient fondamentalement tournées vers la recherche et la mobilisation des soutiens diplomatiques dont le poids diplomatique se faisait de plus en plus sentir dans les instances internationales. On estime par exemple que « dès les années 1960, la projection des rivalités des deux Corées en Afrique poursuit des objectifs politiques plutôt qu'économiques (Rhee Sang-Hoon, 1993).

Après la reconnaissance des deux Corées comme membres à part entière de l'Organisation des Nations Unies en septembre 1991 [1], le continent africain perd tout son intérêt aux yeux de la Corée du Sud. D'ailleurs, les pays de cette partie du monde seront les premières victimes de la fermeture temporaire des Missions diplomatiques coréennes dans le monde pendant la période de la crise asiatique de 1997.

Mais à l'aube du troisième millénaire, l'on a assisté à un regain d'intérêt de l'Afrique pour la Corée. Entre 2005 et 2009, la Corée du Sud a multiplié par trois ses investissements sur le continent africain, passant de 129,7 millions à 388,4 millions de dollars [2]. Bien que modeste par rapport au volume total d'Investissements Directs Etrangers (IDE) reçus par le continent sur la même période, il ne s'agit pas moins d'un regain de vitalité dans la coopération entre ce pays et l'Afrique. Ce regain d'intérêt de l'Afrique pour la Corée du Sud s'illustre plus spécifiquement depuis mars 2006, lorsque le Président Roh Moo-Hyun a effectué trois visites historiques d'État en Égypte, Algérie et au Nigéria. Ces visites ont débouché sur le premier Sommet Corée du Sud-Afrique, en novembre de la même année. À partir de ce

---

[1] http://www.un.org/fr/members/

[2] http://coreeaffaires.com/2011/03/25/afrique-terre-dinvestissements/ consulté le 7 septembre 2015.

sommet, la Corée a initié une nouvelle ère de sa coopération avec l'Afrique subsaharienne[3]. Dès lors, deux grandes rencontres de cette envergure se sont encore tenues dans la capitale coréenne en 2009 et 2012. Trois principaux facteurs pourraient expliquer ce regain de vitalité de l'Afrique pour le pays du matin calme : la quête de la sécurité alimentaire et énergétique, la recherche des nouveaux débouchés pour les produits d'origine coréenne, et sa reconnaissance comme une puissance mondiale (Vincent Darracq et Daragh Neville, 2014).

Pour les Africains, cette offre coréenne de partenariat stratégique arrive à point nommé, à un moment où la quasi-totalité d'entre eux projette leur émergence à moyen ou long terme[4]. Mais ils savent que pour devenir un pays émergent, le concours des partenaires financiers est indéniable. Pour bien mettre en chorégraphie cette vision, la plupart de ces États ont élaboré des documents de stratégie. L'un des points essentiels de cette stratégie est le développement des infrastructures qui est à la base de la croissance de toute économie contemporaine. Selon une récente étude de l'OCDE, le développement des infrastructures est crucial pour la croissance économique et la réduction de la pauvreté. Elles peuvent contribuer à environ 2 % du PIB des pays de l'Afrique centrale et de l'Est en particulier[5].

C'est sur la base de ces questions d'intérêts pour l'économie africaine que la Corée du Sud a érigé le développement des infrastructures en Afrique en action prioritaire. Ainsi, la partie coréenne a décidé de doubler le montant du Fonds de Coopération pour le Développement économique (EDCF) en faveur de l'Afrique à l'horizon 2012, par rapport à l'année 2009 (Lee Ho-Young)[6]. C'est dans ce contexte amorcé depuis 2006 que s'inscrit et se justifie notre

---

[3] Cette partie du continent reçoit de nos jours la plus grande partie des investissements de la Corée en direction du continent africain.

[4] C'est le cas par exemple du Gabon, de la Côte d'Ivoire, du Tchad, de la République Démocratique du Congo du Cameroun, etc. Certains de ces pays projettent leur émergence en 2020, d'autres en 2025 et d'autres encore en 2035.

[5] OECD Report, Mapping Support for Africa's Infrastructure Investment, May 2012, p. 8.

[6] Selon cet auteur, ce montant atteindra $ 1,09 milliard sur une période de cinq ans. Cette enveloppe sera destinée au partage d'expérience dans les projets de développement dans plus 12 pays africains d'ici 2012, la formulation des stratégies de développement des ressources humaines…

étude, consacrée à la nouvelle diplomatie économique africaine de la Corée du Sud.

La dynamique de déploiement de la Corée du Sud en Afrique s'articule autour de nombreux outils parmi lesquels la diplomatie économique. Le mot est ainsi lâché. Une bonne étude de l'action internationale de la Corée du Sud comme de bien d'autres pays développés permet d'indiquer que ce dernier doit son retentissant développement entre autres à sa diplomatie économique. Pour la commodité de l'analyse, il convient de circonscrire ce concept afin d'aborder avec plus de sérénité l'objet de la réflexion intitulée : « **La diplomatie économique de la Corée du Sud : quelles leçons pour l'Afrique ?** »

Dans leur introduction à l'histoire des relations internationales, Pierre Renouvin et Jean-Baptiste Duroselle (1965) mettent en évidence le fait que « *l'étude des relations internationales s'attache surtout à analyser et à expliquer les relations entre les communautés politiques organisées dans le cadre d'un territoire, c'est-à-dire entre les États* ». Dans une optique assez proche, Raymond Aron établit que les deux principaux acteurs des relations interétatiques sont le diplomate et le soldat : l'un comme l'autre ont de fait pour fonction de représenter et défendre l'intérêt national de leur pays à l'étranger (Aron, 1984 : 6).

Dans cette vision stato-centrée du monde, la diplomatie est essentiellement analysée comme la pratique, l'action et la manière de représenter son pays auprès d'un pays étranger ou dans les négociations internationales, de concilier leurs intérêts respectifs ou de régler un problème sans recourir à la force (Bull, 1995, 156). Une définition plus récente l'appréhende comme le management des relations États-États et entre ces derniers et d'autres acteurs (Barston, 2006 : 1). Classiquement, elle est intégrée dans le domaine réservé du Chef de l'État qui la manipule à sa guise. D'aucuns disent qu'elle ne serait qu'un exercice de mondanité réservé à une catégorie particulière de personnes (Delcorde Raoul, 2009:1) ; il s'agit généralement du personnel des ministères des Affaires étrangères. Elle est élitiste, opaque, conduite par des personnes de confiance (Bayne N & Woolcock, 2013 : 3).

Dès lors qu'on ajoute à ce substantif l'adjectif « économique », sa compréhension n'est pas moins polémique. Classiquement, la diplomatie économique était appréhendée par rapport à la diplomatie politique. Selon Christian Chavagneux (1999:38), *« la diplomatie politique a pour but d'être le moyen de la négociation permanente des conditions de la sécurité politique internationale liée au risque de guerre, la diplomatie économique a une mission identique d'être le moyen de négociation des conditions de l'ordre économique international lié au risque de guerre économique entre les États* ». Mais dans un contexte de mondialisation des économies où l'exclusivité de l'action internationale de l'État est remise en cause par les adjuvants du libéralisme ou du transnationalisme à l'instar des individus, des firmes multinationales, des Organisations internationales, des Organisations Non Gouvernementales, etc., il suggère un dépassement de cette conception classique de la diplomatie économique pour l'appréhender suivant un triptyque qui met en interrelation les États entre eux, les États et les organisations privées et ces dernières entre elles.

C'est cette conception inclusive de la diplomatie économique qu'il convient de retenir dans cet ouvrage. Une diplomatie axée sur l'État coréen comme acteur pivot qui mène, de manière stratégique et bien coordonnée, une politique étrangère en s'appuyant sur le dynamisme d'une multitude d'acteurs infra étatiques (Firmes Multinationales, Associations, Organisations Non-Gouvernementales, etc.) lorsque leurs activités ont un aspect économique et sont orientées vers l'international. Il le fera en leur accordant des moyens efficaces de leur déploiement.

Le temps de la diplomatie de présence et de simple existence dans le concert des nations est aujourd'hui révolu. La fin de la Guerre froide, suivie par l'effondrement du mur, symbole de l'affrontement est-ouest, ainsi que le basculement tous azimuts dans l'ère de la mondialisation, facilité par le triomphe du libéralisme, ont sonné le glas des États gendarmes, confrontés à des responsabilités de plus en plus nombreuses à l'égard de leurs populations. Cette responsabilité croissante des pouvoirs publics les oblige, dans un contexte d'amenuisement des ressources internes, à multiplier des relations financières, culturelles, économiques, etc. avec des partenaires extérieurs. Aujourd'hui, ces relations ont d'ailleurs tendance à supplanter les relations purement politiques. Même la Chine ou la Russie, idéologiquement dits pays antilibéraux, n'ont pas eu d'autre choix que de s'adapter à cette nouvelle donne internationale. Ainsi, dans sa projection sur la scène mondiale, la Chine utilise-t-elle toutes les ressources dont elle peut disposer pour atteindre ses objectifs. L'État n'est pas le simple régulateur de l'activité économique, mais un acteur important, un pivot distributeur. La Chine tisse sa toile sur l'arène mondiale en s'appuyant viscéralement sur ses grandes firmes multinationales et ses grandes banques. Toutes évoluent en synergie parfaite et le diplomate sur la scène internationale est qui précède les grands chefs d'entreprises, les grandes banques, les grands groupes de son pays dans son pays d'accueil, afin de faciliter l'entrée et l'établissement de ces derniers et de défendre leurs intérêts. De ce qui précède, le marché serait endogène à la diplomatie économique dans la mesure où il forme une part intégrale du processus (Odell, 2000 : 47-49). Telle serait, à notre avis, la fonction contemporaine de la diplomatie économique.

Le débat sur la relation entre la diplomatie économique et les infrastructures ne semble pas facile à mener. En effet, la diplomatie économique ne s'accorderait pas forcément avec un domaine spécifique de l'économie, mais s'épanouirait en fonction des opportunités du moment et des priorités de l'acteur qui la mène. De ce point de vue, les priorités de la diplomatie économique coréenne seraient différentes en fonction du partenaire en face, ou des moyens disponibles. Si avec les pays en développement, les pays émergents ou développés sont presque toujours préoccupés par des questions d'aide à la mise en place d'infrastructures, leurs préoccupations semblent bien différentes lorsque ceux-ci se rencontrent. Elles doivent se préoccuper des questions de la finance mondiale, du taux de change du cours d'une monnaie à revoir à la hausse ou à la baisse, des questions de livraison de la dernière génération des avions de guerre, de la livraison des minéraliers, de la construction des réseaux ferroviaires à grandes vitesses, de la question des fusions entre leurs grandes multinationales, etc. À titre d'illustration, lors de la visite du Président chinois Xi Jinping en France en mars 2014, Airbus de France a signé avec Avic de Chine, un contrat pour la production de 1000 appareils pour les vingt prochaines années[7]. Au contraire de ce type de visite très économique et très financière, celle par exemple de la Présidente sud-coréenne aux États-Unis en octobre 2015 a plutôt eu des enjeux sécuritaires énormes[8]. Ces deux exemples témoignent véritablement des enjeux de partenariats entre les pays à un moment donné. Tout dépendrait donc du type d'acteur en présence.

---

[7] http://www.usinenouvelle.com/article/airbus-helicopters-signe-un-contrat-historique-de-1000-helicopteres-avec-la-Chine.N251278

[8] http://french.korea.net/NewsFocus/Policies/view?articleId=130371.

La diplomatie des infrastructures s'accommoderait donc parfaitement avec les pays en développement. Lorsqu'on essaie de passer en revue les priorités de la diplomatie des pays émergents ou développés sur le continent africain par exemple, on constate qu'elles sont majoritairement axées sur les infrastructures. Cette lecture peut être en effet déduite des engagements de ces pays lors des rencontres officielles avec les pays africains. Que ce soit le forum Chine-Afrique dont la sixième édition s'est tenue du 4 au 5 décembre 2015 en Afrique du Sud, le forum Inde-Afrique dont la troisième édition s'est tenue en Inde en octobre 2015 ou du forum Corée du Sud-Afrique dont le dernier, troisième du genre, remonte à novembre 2012, la question des infrastructures est toujours en bonne place dans l'agenda des participants.

Les raisons d'un tel attrait pour les infrastructures sont nombreuses. Comme le montre Ashauer, dans un article intitulé « Why is infrastructure important », les infrastructures ont un impact direct sur la qualité de la vie (Ashauer, 1990 : 24). Plusieurs études récentes ont montré qu'aujourd'hui l'Afrique est la partie du monde où le développent humain est le plus bas. Selon la Banque mondiale, le coefficient de Gini en Afrique subsaharienne est d'environ 0,45 (Tilman Altenburg and Melia Elvis, 2014 :355). Pendant les années 1990, les dirigeants du continent et leurs partenaires au développement ne prêtaient qu'une oreille distraite au rôle des infrastructures publiques dans la croissance économique, préférant concentrer leurs efforts sur les mesures sociales destinées à réduire la pauvreté. En conséquence, en dépit de ses effets positifs sur la croissance économique, les dépenses publiques et des ressources réservées à ce secteur étaient insignifiantes. Suite à ce constat, la Commission pour l'Afrique a estimé dans un rapport paru en 2005 que l'Afrique subsaharienne a besoin d'un financement annuel de 39 milliards de dollars afin de relever le niveau de ses infrastructures. Sur cette base, elle a recommandé de doubler les dépenses en infrastructures dans la région, dépenses qui seront supportées par une augmentation des allocations des pays donateurs de 10 milliards de dollars d'ici 2010 (Vivien Foster, Briceno Cecilia, 2010 : 32).

Voilà, entre autres, quelques raisons qui peuvent présentement expliquer le lien apparent et remarquable entre la diplomatie économique et les infrastructures. Ce lien est établi dans le cadre de la coopération entre l'Afrique et la Chine, l'Inde, la Turquie et mieux encore la Corée du Sud.

Dans la mesure où notre réflexion sur la diplomatie économique de la Corée du Sud en Afrique s'articule sous le prisme des infrastructures du Cameroun, on en profitera pour répondre aux questions suivantes de la coopération entre la Corée du Sud et le Cameroun : quelle peut être la part du Cameroun dans la diplomatie économique africaine de la Corée du Sud ? Le mode opératoire de la coopération entre ces deux pays obéit-il au schéma de la diplomatie économique contemporaine ? Le Cameroun est-il un acteur privilégié, marginal ou ignoré de cette stratégie ? Quels facteurs peuvent expliquer cette situation ?

Des études dont les résultats ont été présentés dans les actes du forum sur les relations Corée-Afrique, organisé le 22 septembre 2015 par le Korea-Africa Future Strategy Center, concluent que la Corée déploie sa stratégie de reconquête de l'Afrique à travers certains pays pivots dans les différentes régions de l'Afrique à savoir : l'Afrique du Sud, l'Éthiopie, le Kenya et la République Démocratique du Congo, des pays d'expression anglaise pour la plupart.

Une analyse déductive de ces résultats peut indiquer que les pays francophones en général et l'Afrique centrale en particulier seraient marginalisés dans la répartition des concours financiers du pays du matin calme sur le continent. Dans la mesure où le Cameroun appartient à cet ensemble de pays francophones de l'Afrique Centrale, l'on peut envisager que : le Cameroun pourrait avoir une part marginale dans l'acquisition des infrastructures réalisées par la Corée en Afrique, pour des facteurs imputables aussi bien à la Corée qu'à d'autres acteurs.

Ensuite, compte tenu des caractéristiques et de la structure de son appareillage diplomatico-stratégique, le Cameroun, comme beaucoup de pays en développement, aurait du mal à s'adapter aux nouvelles exigences de la diplomatie économique contemporaine.

Enfin, dans la mesure où chacune des parties agit en acteur rationnel qui évalue toujours les coûts et les avantages de l'acte à poser dans le domaine des infrastructures, que ce soit l'État pivot offensif coréen, l'État gendarme défensif camerounais, les firmes multinationales coréennes ou tous les autres acteurs qui interagissent dans la relation, les facteurs explicatifs de la situation de coopération entre les deux pays dans le domaine des infrastructures seraient imputables à chacun d'eux.

Toutes ces analyses se feront à travers la mobilisation de deux théories, l'une très récente et l'autre classique : l'État développeur et le néoréalisme.

La théorie de l'État développeur nous semble plus appropriée pour comprendre la diplomatie économique de la Corée du Sud en direction l'Afrique et du Cameroun en particulier pour au moins deux raisons :

D'abord, c'est elle qui permet de rendre compte, le plus efficacement possible, de la place de l'État dans l'expansion des « chaebols » coréens sur la scène internationale. En effet, nous montrerons à travers des actions concrètes comment l'État coréen se positionne en faveur de ses entreprises citoyennes afin de leur permettre d'être efficaces dans l'arène internationale africaine. L'État développeur dont il est question ici, c'est celui qui est partagé entre deux défis : celui de respecter les règles de marché imposées par les nouveaux enjeux de la mondialisation qui obligent en réalité les États à renoncer à toute intervention dans la sphère économique si ce n'est pour la réguler. La logique du libéralisme économique et la pression faite aux États dans les années 1980 pour une démocratisation des institutions obligeaient ces derniers à se conformer à cette idéologie, notamment pour les pays satellites du bloc capitaliste. Le second défi est celui du rattrapage économique. Les vertus du libéralisme auraient-elles pu permettre aux pays asiatiques de rattraper économiquement les pays développés ? Il semble que les leaders asiatiques ne se soient jamais complètement abandonnés aux vertus miraculeuses du libéralisme. C'est pourquoi en acteurs rationnels, pour reprendre une expression chère aux réalistes, ces derniers ont théoriquement opté pour une économie libérale, mais se particularisent par un interventionnisme et un dirigisme rigides de l'économie et de la politique. Ce comportement renvoie à l'idée d'une hybridation des institutions, des pratiques et des discours selon la formule empruntée à Pauline Debanes et Sébastien Lechevalier.

Ensuite, la théorie de l'État développeur a l'avantage d'intégrer une diversité de théories des relations internationales. Elle concentre en effet la théorie néolibérale, dans la mesure où elle ne nie pas les valeurs du marché et surtout à cause de la place de choix qu'elle réserve aux firmes multinationales, aux groupes et autres. Elle concentre la théorie néoréaliste dans la mesure où elle fait la part belle à l'État qui intervient activement et sans limitation dans quasiment toutes les sphères de la vie d'une nation, à la seule différence que cette intervention ne remet pas en cause l'importance du rôle des autres acteurs avec qui l'État entretient des rapports de complémentarité et d'interdépendance.

L'école néoréaliste nous permettra ainsi d'inscrire la politique étrangère du Cameroun dans une perspective certes, stato-centrée parce que les acteurs principaux sont les États, mais collaborent étroitement avec les autres acteurs. À côté de cette activité internationale partagée, nous démontrerons, suivant cette même théorie, que la diplomatie du Cameroun en direction de la Corée du Sud est aussi celle d'un acteur rationnel qui évalue toujours les coûts et les avantages d'une action avant de la poser.

À travers le schéma explicatif ci-dessous, nous montrons que dans le cadre de la coopération entre les puissances du centre et les acteurs de la périphérie, la Corée joue le rôle pivot d'un État développeur offensif qui utilise les ressources et les moyens à bon escient pour atteindre ses objectifs. Ces ressources vont entre autres de la gauche vers la droite, des agences multiformes de facilitation et d'appuis techniques aux entreprises. Ensuite, se fait la sélection des firmes nationales les plus compétitives afin de les projeter à l'échelle internationale, une action coordonnée de manière stratégique par une administration dévouée. En termes de résultats, du fait des obstacles résultants de la distorsion des informations de terrain ainsi que des aléas du même terrain, la Corée parvient à obtenir des gains relatifs de sa coopération avec le Cameroun dans le domaine des infrastructures.

L'État du Cameroun, dans la relation avec la Corée comme certaines puissances du centre, s'analyse quant à lui comme l'acteur pivot certes, mais un État gendarme défensif qui fait reposer ses actions sur une poignée d'administrations « inefficaces », sans stratégie visible et rationnelle, aucune agence efficiente d'appui, de conseil et de soutien aux entreprises locales pour un déploiement stratégique sur l'arène des marchés internationaux. En ce qui concerne les résultats, l'État du Cameroun ne s'en sort qu'avec des gains marginaux alors que le potentiel de la coopération est énorme.

Les flèches bidimensionnelles traduisent l'échange et la synergie entre les acteurs de chaque camp. Les flèches unidimensionnelles montrent ainsi le caractère offensif des acteurs sud-coréens sur les institutions du Cameroun.

Figure 1 : schéma d'analyse de la Coopération Cameroun-Corée du Sud

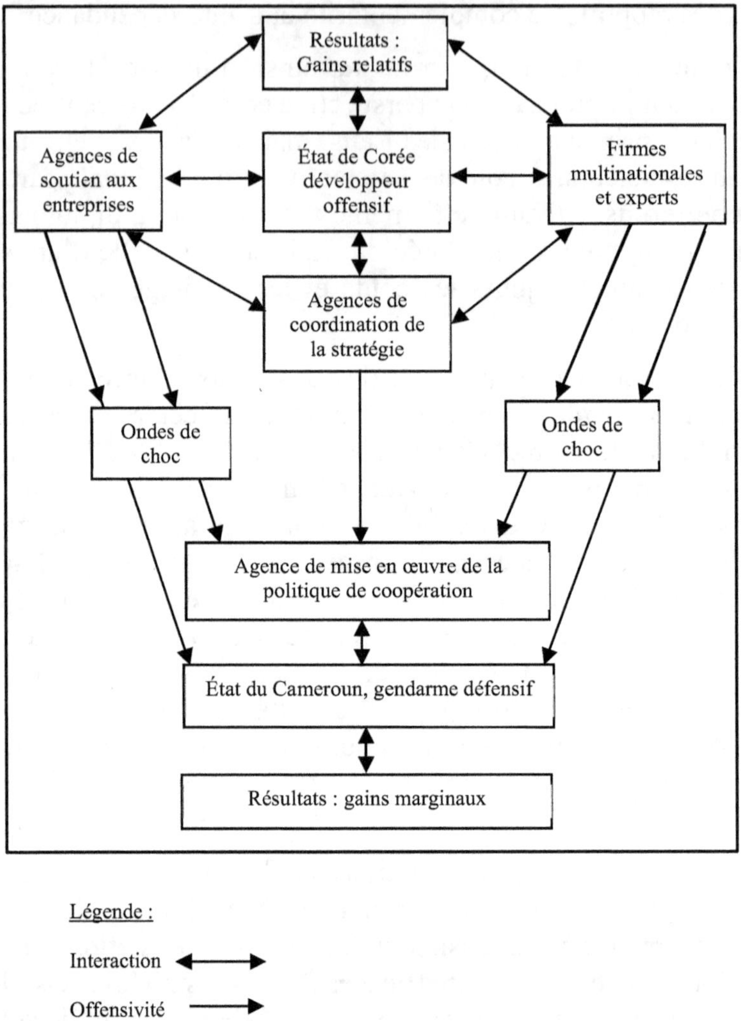

Source : construit par l'auteur

La réflexion poursuit les quatre objectifs suivants :

- Examiner les déterminants et les objectifs de la diplomatie économique de la Corée du Sud ainsi que les ressources mobilisées pour atteindre ces objectifs ;
- Faire un état des lieux de la coopération entre le Cameroun et la Corée avec un zoom sur les investissements dans le domaine des infrastructures ;
- Rechercher les facteurs explicatifs de la position marginale du Cameroun dans la stratégie coréenne d'expansion en Afrique ;
- Proposer un schéma d'interaction dans lequel les deux pays sont capables de tirer des avantages comparatifs à la hauteur de leur potentiel respectif.

Ainsi, le travail sera structuré autour de deux grandes parties. La première fera ressortir les ressorts de la diplomatie économique de la Corée du Sud en Afrique. Ici, il sera question de dégager les finalités du déploiement de la Corée en Afrique, d'élucider les approches et les moyens d'action de la Corée du Sud sur le continent africain. Dans la deuxième partie consacrée à l'engagement de la Corée du Sud pour le développement des infrastructures camerounaises, il sera question d'examiner les concours financiers de la Corée du Sud dans le cadre de sa coopération avec l'Afrique en général et le Cameroun en particulier et d'envisager les perspectives pour une dynamisation de la coopération avec le Cameroun.

1re PARTIE :

LES RESSORTS DE LA DIPLOMATIE ÉCONOMIQUE CORÉENNE AU SERVICE DES INFRASTRUCTURES AFRICAINES

La Corée du Sud s'intéresse à l'Afrique dès l'accession successive de chaque pays du continent à l'indépendance à partir des années 1960. Mais cet intérêt n'a jamais été neutre. Les rapports entre les deux parties ont été façonnés par les effets de la Deuxième Guerre mondiale et de la guerre froide qui ont fait de la Corée un lieu privilégié de l'affrontement entre deux blocs idéologiques, l'un à l'Est incarné par l'URSS et l'autre à l'Ouest incarné par les États-Unis d'Amérique (Sang-Hoon Rhee, 1993, 2).

En effet, la division contemporaine de la Corée remonte à l'occupation japonaise débutée dès 1910. À la fin de la Seconde Guerre mondiale en 1945, la Corée a été divisée en deux zones par les puissances mondiales, les États-Unis et l'URSS. En 1948, le Sud et le Nord se constituèrent chacun en un État indépendant, un Nord communiste sous influence de l'URSS, et un Sud capitaliste sous influence américaine. L'antagonisme se prolonge et débouche sur une guerre à partir de juin 1950. Dans cette guerre par procuration, le Sud était soutenu par les États-Unis et le Nord par l'URSS et la Chine. L'armistice de Panmunjeom (signée en 1953) met fin aux combats. Mais à ce jour, la guerre est toujours pendante entre les deux parties du pays. Depuis, la péninsule est divisée par une zone démilitarisée (DMZ) aux alentours du 38e parallèle, qui est, paradoxalement, la plus militarisée au monde. La politique extérieure des deux États sera pour l'essentiel structurée dès les premières heures par cet antagonisme entre le nord et le sud (Lee Ho-Young, 2015).

Ainsi, dans la foulée de l'accession des pays africains à leur indépendance, la Corée du Sud, tout comme la Corée du Nord, va chercher à gagner la sympathie de ces nouveaux pays indépendants afin de s'assurer du soutien de ces derniers au sein de l'Organisation des Nations Unies à l'intérieur de laquelle ni l'une ni l'autre n'était membre[9]. Cette période est d'ailleurs qualifiée de l'ère de la « pêche

[9] Il convient de relever que dès la proclamation de l'indépendance et la division subséquentes du pays en deux, les Nations Unies ont refusé de reconnaître les deux Corées comme membres. La communauté internationale encourageait plutôt les deux leaders de la péninsule à s'entendre pour une réunification pacifique du pays. Mais face à la rigidité des relations exacerbée par l'antagonisme entre les deux blocs idéologiques et surtout l'obtention de l'arme nucléaire par la Corée du Nord, les deux parties attendront jusqu'au début des années 1990, profitant de l'effondrement du mur de Berlin en 1989 et la dislocation de l'URSS pour se voir reconnaître comme deux

aux voix ». Les relations entre la Corée du Sud et les pays africains avaient donc une double finalité : rechercher sa légitimation [10] extérieure et contrer la présence de Pyongyang sur le continent noir. Afin d'atteindre ces deux objectifs majeurs, la Corée du Sud tente dès 1975 de renforcer, avec les États africains, les liens de nature à favoriser la coopération économique sur la base d'intérêts communs. Dans cette perspective, elle va multiplier les invitations adressées aux dirigeants africains en vue d'explorer les possibilités d'extension du marché et des échanges économiques entre l'Afrique et la Corée du Sud (Sang-Hoon Rhee, 1993). Sang-Hoon Rhee structure la coopération entre ce pays et le continent africain en quatre grandes étapes qui se situent entre 1960 et 1980. Les trois premières ont un caractère très politique alors que la quatrième est davantage économique.

La quatrième étape est marquée par l'inauguration de la diplomatie au sommet, placée sous le signe de l'économie à partir de 1980. Cette période est entamée par une grave crise politique qui conduit à l'assassinat du Président Park en 1979 et la prise du pouvoir par Doo-Whan Chung, Commandant de la sécurité militaire. Ce dernier s'inscrit dans la continuité de la politique étrangère fondée la sécurité nationale, la quête de la réunification pacifique de la Corée et la croissance continue du pays (Korea News Review, 1982, p.6). Mais fait nouveau et marquant, Séoul veut désormais se détacher de la diplomatie pro-occidentale menée par les précédents gouvernements. C'est ainsi que le Président Chung préconise le développement d'une coopération économique avec les pays africains fondée sur les principes d'intérêt mutuel qui caractérisent la coopération « sud-sud ». Pour traduire concrètement cette nouvelle vision, le Président Chung initie pour la première fois une tournée en Afrique qui le conduira successivement au Kenya, au Nigéria, au Gabon et au Sénégal, du 17 au 31 août 1982 : une première pour un président coréen. Au cours de cette tournée, la Corée va proposer à l'Afrique la formation d'un « front de développement »

---

membres à part entière des Nations Unies par une Résolution de cette organisation du 17 septembre 1991.

[10] Il convient de souligner à ce niveau que, d'après le Professeur Lee Han-Kyu, la Corée du Sud ne recherchait pas sa légitimation auprès des pays africains dans la mesure où elle disposait d'un gouvernement légitime issu des élections démocratiques de 1948. Elle n'avait besoin que du soutien de ces partenaires dans le cadre des résolutions au sein de l'Assemblée générale des Nations Unies sur le sort des deux Corées, in Cours de Coopération Corée du Sud-Afrique, Programme HUFS-KOICA, 2015, Inédit.

dont l'objectif visait à mobiliser l'ensemble du tiers monde dans la lutte contre la pauvreté, la maladie et l'analphabétisme. Malheureusement, cette proposition ne prospérera pas, certainement par manque de suivi et surtout en raison des grandes difficultés auxquelles ces pays ont été confrontés dès la deuxième moitié des années 1980[11]. Il faudra attendre 2006 pour observer un retour de la Corée sur le continent, étant entendu que la crise asiatique de 1997 a contraint cette dernière à fermer ses missions diplomatiques dans certains pays africains.

Dans ce chapitre que nous considérons comme la cinquième grande étape de la Coopération entre la Corée du Sud et l'Afrique, il sera question de présenter, dans une perspective analytique, les nouvelles ambitions de la Corée pour le continent, aussi bien les ambitions avouées que non avouées. Par la suite, on montrera que ces nouvelles ambitions qui intègrent les calculs, coûts et bénéfices d'un acteur rationnel se justifient par les avantages comparatifs dont dispose la Corée par rapport à l'Afrique. Cela se traduit par les opportunités à saisir en Afrique en général et au Cameroun en particulier. Dans cet ordre d'idées, examinons d'une part les finalités du redéploiement de la Corée du Sud en Afrique (1.) et d'autre part les moyens dont elle dispose pour la poursuite de ses ambitions (2.).

---

[11] Dès la première moitié des années 1980, la plupart de ces pays font face à la crise de la dette extérieure qui les a conduits à la souscription au programme d'ajustement structurel à leur avait été proposé par la Banque Mondiale et le Fonds Monétaire International.

Chapitre 1 :

Les finalités du redéploiement de la Corée du Sud en Afrique

C'est à la faveur d'une nouvelle ère de la politique étrangère de la Corée du Sud que renaît son intérêt pour l'Afrique. Après être devenue membre des Nations Unies en 1993, la Corée ne trouvait plus d'intérêt véritable pour le continent. C'est ce qui aurait d'ailleurs justifié la fermeture successive de ses cinq missions diplomatiques sur le continent pendant la crise asiatique des années 1997. Sa diplomatie limitée a en revanche commencé à changer vers la moitié des années 2000 sous l'impulsion de deux personnalités successives. Il s'agit notamment de Ban Ki-Moon (qui deviendra Secrétaire général des Nations Unies) qui a œuvré pour des modifications des politiques d'aide et de commerce de la Corée du Sud, et le Président Roh Moo-Hyn qui a entrepris plusieurs initiatives entre la Corée et l'Afrique au cours de sa visite sur le continent. Cette visite a été couronnée par la promesse de tripler l'aide de la Corée en direction de l'Afrique entre 2006 et 2009 ; ce Président a également initié les deux forums Corée-Afrique (Soyeun Kim, 2013). Ce renouveau de la diplomatie sud-coréenne est soutenu par des finalités bien définies accompagnées des moyens considérables pour atteindre les résultats escomptés.

Ces finalités sont nombreuses et se situent sur le terrain de la « real politik ». Ceci est en effet loin des raisons officielles avancées dans la loi de 2007 sur l'Aide Publique au Développement coréenne selon lesquelles « *la diplomatie coréenne met à la disposition de l'Afrique l'aide dont la Corée du Sud a bénéficié dans le passé…* » (LUABEYA Pacifique Hippolyte, 2015, 5) au-delà de ce discours de salon feutré et de cœur, les finalités réelles sont connues des experts. Au premier rang, peut-on situer les finalités liées à la préservation de la puissance économique de la Corée du Sud (1) qui vient enrichir le besoin inconditionnel d'exister ? Ensuite, son assistance poursuit une finalité d'affirmation de son statut de puissance moyenne sur le plan international (2).

1. La préservation de la puissance économique de la Corée

Il existe un consensus entre experts coréens et africains qui reconnaît que la sécurisation des ressources naturelles stratégiques, moteur de la croissance des entreprises coréennes, structure la quasi-totalité de ses actions sur le continent africain (1). Ensuite, la spécificité des marchés africains renforce l'appétit de la Corée du Sud pour le continent (2).

1.1. La sécurisation des matières premières stratégiques, moteur de la croissance des entreprises coréennes

De nombreuses études s'accordent pour relever que la sécurisation des ressources naturelles constitue la motivation première du déploiement de la Corée sur le continent africain. En effet, à partir de 1962, le pays fonde son développement économique sur un pari « paradoxal et audacieux » : le déploiement d'une industrie lourde orientée vers l'exportation[12] (Charle Harvie & Hyun-Hoon Lee, 2003 : 20) et fortement consommatrice d'énergie dont elle est pourtant quasiment dépourvue. En l'espace d'une génération, la Corée est passée au premier rang des pays consommateurs et importateurs d'énergie. En 2011, elle était la 2e consommatrice mondiale d'énergie, mais la deuxième importatrice mondiale de gaz naturel derrière le Japon (Antoine HALFF, 2014, p31).

Jusqu'en 2006, 80 % de ses importations de pétrole provenaient du Moyen-Orient comme l'illustre le tableau ci-dessous.

[12] Il s'agit bel et bien d'un paradoxe, car les autorités coréennes ont déjoué les pronostics des économistes au sujet des choix économiques des pays tels que la Corée du Sud. Au regard de ses spécificités géographiques et économiques, on se serait attendu à ce que ce pays eût opéré les mêmes choix et voies de développement que Taïwan, ou Singapour. Ces deux pays ont opté pour le développement de l'industrie légère en faisant reposer leur économie sur le développement de l'industrie du semi-conducteur et de l'attrait des Investissements Directs Étrangers. Or, bien que la Corée avait en partage avec ces pays les caractéristiques telles que : la pauvreté de leur sous-sol en ressources naturelles, la contiguïté du territoire et le manque de ressources financières, elle opta pour le développement des industries lourdes tournées vers l'exportation. Pour un approfondissement de la trajectoire de développement de l'économie coréenne, voir : Françoise Nicolas et Krieger Mytelka (1995), L'innovation, clé du Développement : Trajectoires de pays émergents, IFRI, édition Masson, pp.401-430.

Tableau 3. 1 : les importations de pétrole de la Chine, des États-Unis et de la Corée du Sud en 2006

Zone d'importation	Chine	États-Unis	Corée du Sud
Moyen-Orient	40 %	24 %	80 %
Afrique	30 %	25 %	4 %

Source : construit par l'auteur et inspiré de l'étude de Lee Ho-Young.

Cette forte dépendance de la Corée, associée à un climat de tension politique dans la région résultant d'un mouvement général de nationalisme croissant des pays du Moyen-Orient dans la gestion des ressources, a suscité l'inquiétude de la Corée quant à la pérennité de ses approvisionnements en hydrocarbure. La conjonction de ces facteurs, exacerbée par une concurrence accrue des États-Unis et de la Chine dans la région a incité la Corée à regarder l'Afrique comme une nouvelle cible de sa diplomatie des ressources (Lee Ho-Young : 6), encore qu'elle semble visiblement plus réceptive à un rapprochement avec la Corée par rapport aux pays occidentaux (KAPUKU MUDIPANU Gaston et Heejung Yeo, 2008 : 49).

Une étude réalisée en 2011 par un expert de la Banque Africaine de Développement a montré, dans cet ordre d'idées, que durant les périodes 1986-1988 et 2006-2008, la grande partie (plus de 50 %) des investissements de la Corée sur le continent africain était à la recherche des ressources naturelles (Gil Seong Kang, 2011, p6). Jusqu'en 2013, les hydrocarbures représentaient 38 % du total des importations de la Corée dans le monde (KITA SE de Séoul). Cette situation confirme bien la dépendance excessive de ce pays vis-à-vis des ressources naturelles. Le diagramme ci-dessous permet d'illustrer ce propos.

Figure N° 3.1 : Les objectifs des investissements coréens en Afrique

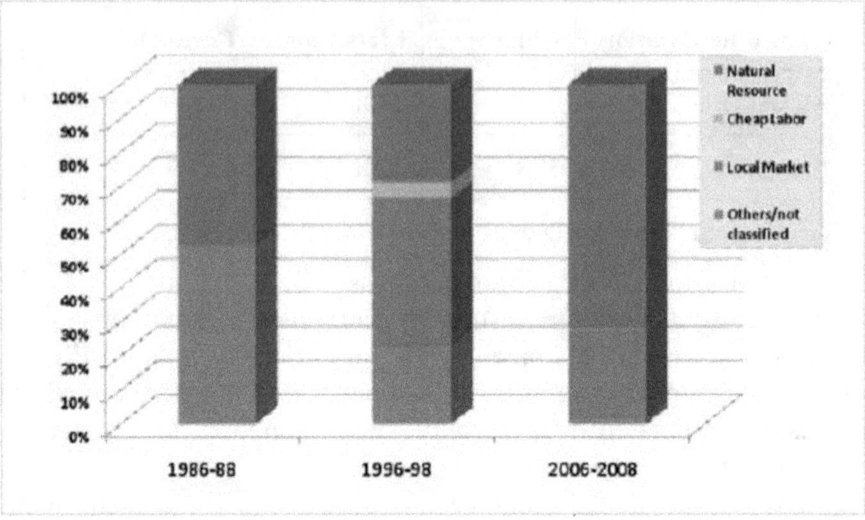

Source: Korea EXIM bank, 2010 and author's calculation.

Il convient de relever que les investissements dont il est question ici concernent principalement les projets dans les secteurs des mines (77 %) du pétrole brut (8,1 %) et d'autres secteurs à l'instar de la construction, de l'industrie, des infrastructures (eau, électricité, gaz) qui n'ont pu recevoir que moins de 2 % de ces investissements. La figure ci-dessous élaborée par Gil Seong Kang permet d'illustrer ce propos.

Figure 3.2 : Investissements de la Corée en Afrique par secteur entre 2007-2009

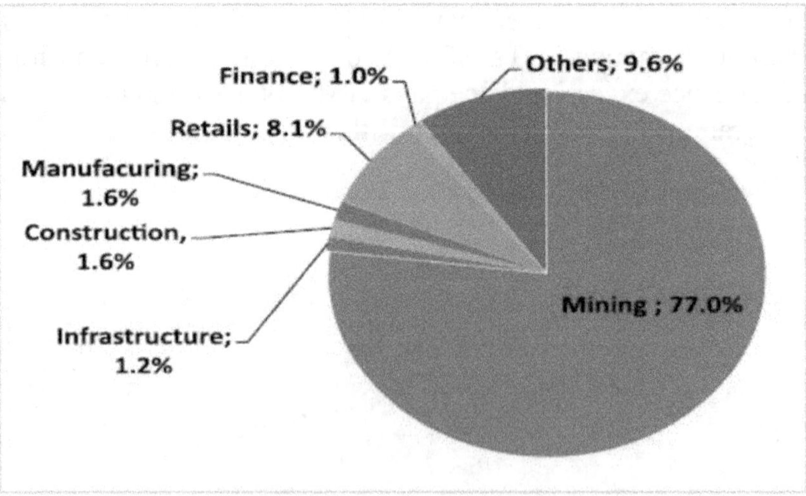

Source: Korea EXIM Bank and author's calculation.

À partir de cette seconde figure, on constate qu'entre 2006, année du renouveau de la diplomatie coréenne sur le continent et 2009, les investissements de ce pays en Afrique ont plus que doublés, notamment dans le secteur des hydrocarbures, passant de 4 à 8,1 % du total de ses importations de cette ressource. De même, plusieurs compagnies sud-coréennes ont ainsi obtenu des contrats d'exploitations dans des pays africains. À titre d'illustration, Samsung a conclu un accord avec le Gabon pour construire une raffinerie à Port-Gentil opérationnelle en 2016 et dont le coût est estimé à un milliard de dollars. SK group a signé un accord d'investissement de 5,5 milliards de dollars avec une firme nigériane dans les secteurs pétrolier, gazier et logistique. Le groupe sud-coréen a également des intérêts pétroliers en Algérie, en Côte d'Ivoire et en Guinée Équatoriale. Enfin, la compagnie Korea National Oil Corporation est présente sur le continent depuis les années 1990. Après avoir mené des opérations en Libye (bloc Éléphant NC174), elle exploite plusieurs blocs dans l'offshore nigérian et vient de signer un accord de partenariat avec la compagnie nationale sud-africaine PetroSA dans les secteurs du pétrole et du gaz en Afrique du Sud et dans d'autres pays du continent (Sénat français, Rapport d'information, 2013-2014, p.202). En 2006, la C & K Mining a obtenu un contrat d'exploration et d'exploitation de l'un des plus grands gisements de diamants au monde auprès des autorités camerounaises.

Ce faisceau d'indices démontre nettement que la sécurisation des approvisionnements en ressources naturelles est une tendance lourde de la politique de déploiement international de la Corée. Cette tendance se complète avec les marchés africains comme débouchés pour les produits coréens.

1.2. La conquête des marchés africains, terrains fertiles pour l'écoulement du *know how* et du *made in Korea*

L'Afrique est un vaste marché de plus d'un milliard d'habitants. Elle est progressivement allée d'une marginalisation et d'une exclusion remarquable des marchés mondiaux à une connexion de plus en plus rapide à des circuits de la globalisation. C'est un espace qui est passé d'un pessimisme caractérisé des puissances occidentales à une terre d'opportunités pour le reste du monde. Un continent à la croisée des chemins qui est désormais au cœur des rivalités entre les puissances. Naguère abandonnée entre les mains des puissances occidentales, l'Afrique est aujourd'hui la cible de nouveaux partenaires du sud.

En dehors de ressources naturelles, l'Afrique serait convoitée pour son immense marché, lequel est nécessaire pour l'écoulement des surplus des pays industrialisés. L'émergence d'une classe moyenne importante dans chaque pays du continent fait de lui une cible privilégiée pour les grandes firmes multinationales. La Corée du Sud, dont l'essentiel du PIB (90 %) repose sur l'exportation des produits manufacturés, trouve un marché supplémentaire en Afrique pour la consommation des biens made in Korea. En poursuivant cet objectif, le commerce entre les deux parties a considérablement évolué ces dernières années. En effet, le volume des exportations de la Corée sur le continent est passé de 7,729 millions de dollars à 9,900 millions de dollars entre 2006 et 2014, ce qui représente une hausse de 30 % de son commerce avec le continent. Mais comme le montre le tableau ci-dessous, une telle croissance ne profite pas nécessairement aux partenaires africains de la Corée en raison du déficit qu'ils accusent structurellement dans leur balance commerciale avec ce pays. Ces données confirment le constat réalisé autant par Lee Ho-Young que par Kim Soyeun sur le fait que le commerce entre la Corée et l'Afrique croît très rapidement depuis le début des années 2000, même si on a pu réellement percevoir cet accroissement à partir de 2006. Comme le suggère le même tableau, les exportations de la Corée vers l'Afrique croissent plus vite que ses importations du continent, un résultat qui confirme l'intérêt du marché africain pour ce pays. Ainsi, entre 2006 et 2014, la Corée du Sud a réalisé un excédent commercial de 38,798 millions de dollars en Afrique.

Tableau n° 3.2 : Balance commerciale entre la Corée et l'Afrique en millions de dollars (2006-2014)

Années	Exportations pour l'Afrique	% du commerce total de la Corée	Importations de l'Afrique	% du commerce total de la Corée	Balance des paiements
2006	2,729	2,4	4,372	1,4	3,357
2007	8,253	2,2	4,316	1,2	3,937
2008	9,384	2,2	4,052	0,9	5,332
2009	8,445	2,3	3,185	1	5,27

2010	9,618	2,06	4,683	1,1	2,935
2011	14,396	2.5	5,606	1,06	8,79
2012	9,185	1,6	5,382	1,03	3,803
2013	11,165	1,9	5,791	1,1	5,374
2014	9, 900	1,7	8, 054	1,5	1, 846
Total	78,175	2,09	37,387	1,14	38,798

Source : construit par l'auteur sur la base des données statistiques du Korea International Trade Association (KITA)

L'Afrique est un excellent consommateur des biens d'équipement, et de transport de la Corée du Sud comme le relève la figure 3 ci-dessous (Gil Seong Kang, 2011, p3).

Figure 3.3 : les exportations de la Corée vers l'Afrique par secteur, 2009

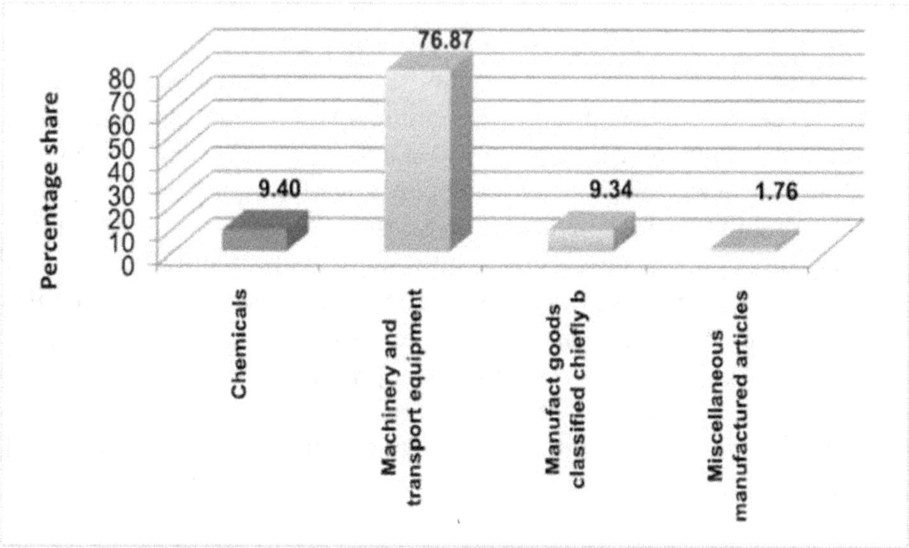

Source: UN COMTRADE (2010).

2. Le besoin d'affirmation de son statut de puissance moyenne internationale

La conquête de l'espace géopolitique de l'Afrique ne répond pas uniquement au besoin de sécurité de ses approvisionnements en énergie ou de conquête de nouveaux débouchés, mais bien au-delà. En effet, la Corée du Sud poursuit son ambition d'acteur marginal certes, mais « structurateur » des relations internationales africaines. C'est son statut de puissance moyenne qui lui confère une telle prétention, bien que la légitimité d'un tel positionnement soit encore contestée par les puissances telles que les États-Unis, la Chine ou la Russie. En dépit de ces réticences, l'analyse des éléments caractéristiques du comportement international de la Corée du Sud lui conférerait le statut d'une puissance moyenne (1) à la quête d'un repositionnement entre l'agressivité chinoise et la force tranquille japonaise sur le continent africain (2).

2.1. Les éléments caractéristiques du statut de puissance moyenne de la Corée du Sud

Le concept de puissance moyenne ne fait pas l'unanimité parmi la doctrine. Comme l'a reconnu Kim Tae-Saharan, appréhender ces États comme ceux qui font usage de leur influence relative, de leur compétence managériale et de leur prestige international pour la préservation de l'ordre et de la paix internationale fait l'objet de controverses[13]. Le meilleur moyen de cerner ce concept serait de se référer à ses facteurs ou ses éléments fondamentaux. Pour Kim Tae-Saharan, ce sont des États qui prennent à cœur les questions environnementales ou morales, qui sont actifs dans l'Aide Publique au Développement et contribuent aux opérations de maintien de la paix. C'est le théoricien Joseph Nye qui nous renseigne le mieux sur les éléments de la puissance. Celui-ci fait une distinction entre les facteurs traditionnels qualifiés de matériels mesurables et les nouveaux facteurs immatériels et difficilement mesurables. Les premiers sont constitués par : les ressources de base (territoire, population, milieu et ressources naturelles), la capacité militaire, la capacité économique, le potentiel scientifique et technologique. Les seconds concentrent : la cohésion nationale, le rayonnement culturel et l'influence sur les institutions internationales. Tels sont selon Nye, les facteurs contemporains de la

---

[13] Pour ces controverses, voir Laura Neack, Jeanne Hey, Patrick Haney (1995), Foreign Policy Analysis : Continuity and change in its second generation Prentice Hall, p. 224.

puissance (Joseph Nye, 2011). Partant de ces facteurs proposés par Nye, Arnaud Levreau parvient à faire ressortir les facteurs qui permettent de placer la Corée dans la catégorie des puissances moyennes, à ne pas confondre avec les puissances médianes « medium powers » déterminées par Tae-Saharan[14]. Le tableau synthétique ci-dessous résume la comparaison que fait cet auteur entre les puissances moyennes et la Corée du Sud (Arnaud Leveau, 2012, p.47).

Tableau 3.3 : Récapitulatif des caractéristiques d'une puissance moyenne et la position de la Corée du Sud

Caractéristiques d'une puissance moyenne	**Position de la Corée du Sud**
Les puissances ne sont pas de grandes puissances	Les facteurs matériels mesurables attestent que la Corée du Sud n'est pas une grande puissance.
Les puissances moyennes peuvent avoir une certaine influence sur la scène internationale	Elle est aujourd'hui la 11e puissance économique mondiale et une actrice influente en Asie du Sud-est
Les puissances moyennes ne peuvent généralement pas agir seules sur la scène internationale de manière efficace, mais sont capables d'avoir un impact au niveau asymétrique par le biais d'une institution internationale.	La Corée du Sud joue un rôle moteur dans l'instauration du dialogue ASEAN+3 et du sommet de l'Asie orientale.
Les puissances moyennes soutiennent le dialogue multilatéral	Isolée en Asie du Nord-est, la Corée du Sud cherche à élargir le dialogue asiatique à d'autres puissances (Inde, Australie…).
Les puissances moyennes sont actives au sein des organisations internationales et tentent d'être des éléments catalyseurs des efforts diplomatiques.	La Corée du Sud est particulièrement active au sein de l'ONU. Elle participe actuellement à une dizaine d'opérations de maintien de la paix. L'actuel Secrétaire général des Nations Unies est un ancien ministre sud-coréen des Affaires étrangères.

[14] Ce concept de « medium powers » pourrait avoir des similitudes avec la quatrième catégorie de puissance analysée par Abramo Fimo Kenneth Organski, dans : *World Politics*, Alfred A. Knopf Publishers, New York, 1968, 509 p.

Les puissances moyennes soutiennent les efforts en matière de processus de maintien de la sécurité et de la paix. Elles visent, d'une manière générale, la stabilité mondiale (développement économique et social).	La Corée du Sud s'est fortement impliquée dans les activités du G20. Elle a d'ailleurs présidé le groupe en 2010. Elle cherche à s'imposer comme un modèle de développement pour les pays moins avancés.
Les puissances moyennes soutiennent les initiatives en matière de protection de l'environnement, de lutte contre les changements climatiques, pour la sécurité alimentaire ou encore les questions de santé.	La Corée du Sud est un pays pilote en matière d'énergies renouvelables.
Les puissances moyennes ont une responsabilité mondiale et entendent véhiculer une image de bon citoyen et de bonne gouvernance.	Depuis son adhésion au Comité pour le développement de l'OCDE et sa participation au G20, promotion du sport (Jeux olympiques), des arts et de la culture (neuf sites inscrits au patrimoine mondial de l'UNESCO, plus un site naturel). La Corée du Sud investit plus de 3 % de son PIB dans la recherche et le développement, soit plus que la plupart des grands pays de l'OCDE.
Les puissances moyennes cherchent à jouer un rôle de médiateur afin d'accroître leur prestige international.	La Corée du Sud cherche à devenir le « hub » du commerce mondial à l'image de la Grande-Bretagne du XIXe siècle, en étant le premier pays à signer des accords de libre-échange avec les grandes puissances économiques mondiales (UE, Asean, USA, etc.) et à être un intermédiaire nécessaire en Asie du Nord-est, entre la Chine et le Japon.
Les puissances moyennes cherchent à trouver une approche consensuelle des solutions multilatérales aux problèmes internationaux.	Avec les pays de son environnement proche, la Corée du Sud maintient une approche encore très émotionnelle (histoire, différends territoriaux). Au niveau international, elle cherche à être un pays moteur au sein des grandes organisations.

Les puissances moyennes adoptent une diplomatie de niche, spécialisée dans quelques domaines ou une zone géographique afin d'accroître leur influence internationale grâce à des capacités spécifiques.	La politique de l'aide publique au développement de la Corée du Sud est concentrée sur une dizaine de pays et essentiellement en Asie du Sud-est. Spécialisation dans la formation professionnelle, le traitement des eaux, la communication, les routes. La Corée du Sud n'a pas encore un discours international très audible (promouvoir la démocratie).

Source : construit par l'auteur et inspiré de Marque B, in Leveau A op.cit.

La juxtaposition de l'ensemble de ces éléments caractéristiques permet de confirmer les prétentions de la Corée comme une puissance moyenne. Avec un tel statut, elle doit nécessairement chercher à se positionner entre l'agressivité chinoise et la force tranquille japonaise sur le continent africain.

2.2. La quête d'un positionnement entre agressivité chinoise et force tranquille japonaise sur le continent africain

La présence de plus en plus déterminante de la Corée du Sud sur le continent africain cadre bien avec ces caractéristiques des puissances moyennes. En effet, depuis l'inauguration du renouveau de sa coopération avec le continent, la Corée n'a cessé de se montrer offensive, mais hésitante sur un certain nombre de terrains. Elle doit donc surfer entre l'agressivité de la Chine et la force tranquille japonaise pour se frayer son propre chemin (Luabeya P. Hippolyte, 2015, op. cit). La diplomatie coréenne touche au total quatre aspects en Afrique : politique, économique, environnemental et sécuritaire. Mais dans la mesure où celle-ci dispose des moyens limités, elle opte pour une diplomatie de niche axée sur une stratégie « de sélection - concentration ». Par conséquent, elle ratisse globalement en alliant coopération bilatérale et multilatérale.

Sur le second aspect de la coopération, elle multiplie les alliances avec les institutions africaines telles que l'Union Africaine avec qui elle travaille pour que celle-ci abrite le prochain forum Corée-Afrique, la Banque Africaine de Développement qui travaille en étroite collaboration avec la Corée afin d'élaborer de commun accord les stratégies d'investissement de cette dernière sur le continent. Aujourd'hui, avec plus de 1200 soldats engagés dans les différents théâtres des conflits, la Corée du Sud veut se trouver partout où les questions de paix et de sécurité internationales se posent avec acuité. Pourtant, comme le décrit Luabeya, elle « *ne peut s'engager dans les actions militaires, mais plutôt humanitaires et civiles telles les actions médicales, d'ingénierie, la reconstruction des écoles, les aides humanitaires...* ». Cette stratégie d'arrière-plan de la Corée du Sud sur le terrain des conflits dans le monde en général et en Afrique en particulier la place dans le camp des principaux bénéficiaires des conflits mondiaux c'est-à-dire ceux qui tirent le plus de dividendes de ces conflits.

Sur le plan bilatéral, la stratégie de sélection-concentration telle que présentée par Ho-Young Lee permet à la Corée de regrouper l'Afrique en quatre zones avec des États pivots dans chacune : le Kenya pour l'Afrique centrale[15], l'Afrique du Sud pour la zone sud[16], le Ghana pour l'Afrique de l'Est, le Nigéria et le Congo pour l'Afrique orientale[17].

À bien des égards, sa stratégie est loin de concurrencer celle de la Chine ou du Japon sur le continent. Pendant qu'elle adopte une stratégie de sélection-concentration de ses investissements sur le continent, la Chine a par exemple une stratégie globale qui l'amène non seulement à investir dans tous les pays africains et dans des domaines tout à fait variés et même les plus risqués, mais elle y investit massivement dans des projets de grande visibilité. La Direction générale de la Coopération du ministère de l'Économie du Cameroun a révélé que sur quinze projets d'investissements évalués à 1200 milliards de FCFA (soit environ 2,3 milliards de dollars) conduits par la Chine, la Corée du Sud et l'Inde au Cameroun, la Chine conduit à elle toute seule douze de ces projets (Mbodlam Brice. R, 2015, 8). Comme nous l'avons déjà montré dans une précédente étude, la Chine a financé entre 2000 et 2014 des projets évalués à 1925,77 milliards de FCFA (soit environ 3,7 milliards de dollars) dans ce pays.

Contrairement à la Chine dont les réalisations d'envergure ne passent pas sous silence sur le continent, le Japon œuvre avec la plus grande discrétion et focalise son attention sur les aspects politiques,

---

[15] Il convient de souligner que le Kenya n'est pas un pays de l'Afrique centrale, mais plutôt de l'Afrique de l'Est.

[16] L'Afrique du Sud se situe en Afrique australe

[17] Nous verrons plus loin que ces pays ne sont plus tous les principaux bénéficiaires de la Corée en matière d'Aide au Développement, les priorités ayant changé.

économiques et environnementaux. Mais ses interventions se limitent généralement au niveau multilatéral. Il préfère par conséquent en ce qui concerne par exemple son aide pour le maintien de la paix et de la sécurité internationale, passer par des organisations internationales pour apporter ses multiples appuis. À titre d'illustration, le Japon a accordé en 2014 une aide alimentaire à la République centrafricaine estimée à 21,35 millions de dollars à travers le Programme Alimentaire Mondial[18]. En mars 2015, il a octroyé une enveloppe de 17,3 millions de dollars pour cinq institutions spécialisées de l'ONU afin de fournir une assistance au gouvernement du Cameroun dans ses efforts de gestion des flux de réfugiés nigérians et centrafricains[19]. Sur le plan économique, la démarche nippone est quasiment la même. Elle participe généralement aux projets intégrateurs cofinancés par les institutions financières africaines ou internationales telles que la BAD, la BDEAO, la BIRD ou la BM. Cette approche multilatérale des interventions du Japon en Afrique obéit quelque peu à la logique des rapports nord-sud et surtout celle d'un acteur qui fait preuve d'extrême prudence avec ses partenaires africains. Une situation qui confirme la perception selon laquelle le Japon n'investit pas massivement en Afrique non parce qu'elle ne dispose pas de moyens nécessaires, mais plus précisément parce qu'elle estime qu'il est très risqué d'y investir.

Ainsi, s'il est vrai que la Chine et le Japon disposent des moyens considérables qui leur permettent d'atteindre leurs objectifs en Afrique, il en va différemment de leur stratégie. La Chine a une stratégie axée sur le commerce et la sécurisation de ses besoins en ressources naturelles, alors que le Japon a une stratégie diplomatique[20] bien

---

[18] Voir le site ; http://www.cmr.emb-japan.go.jp/fr/RCA-fr.html, consulté le 13 février 2016.

[19] Voir le Communiqué de presse de l'Ambassade du Japon à Yaoundé du 17 mars 2015 sur le site : http://www.cmr.emb-japan.go.jp/files/Communique%20de%20Presse%20Conjoint%28version%20finale%29.pdf, consulté le 13 février 2016.

[20] La diplomatie japonaise en Afrique a une double finalité politique : mobiliser le soutien africain au sein des instances internationales pour contrecarrer l'hégémonie de la Chine dans la région de l'Asie de sud-est, et mobiliser leur soutien pour sa reconnaissance comme un « État normal ». En effet, avec la signature de l'armistice pour la fin de la 2e Guerre mondiale, le Japon comme l'Allemagne ont renoncé à leur droit de défense, en acceptant de se conformer aux clauses de la Conférence de Postdam de juillet-août 1945. D'après les clauses de cette conférence, ces pays devaient, entre autres obligations, accepter le désarmement et la démilitarisation du pays. Une clause qui les prive jusqu'à nos jours du droit de posséder une armée et

ordonnée et organisée autour de la JICA. Dans cet ordre d'idées, Anna-Katharina Stahl, chercheuse au Centre de recherche Union européenne-Chine du Collège d'Europe à Bruges, note que : « *Chez les Chinois, l'approche est très commerciale, avec des efforts dispersés entre les entreprises, les banques, le ministère des Affaires étrangères et celui du Commerce. Chez les Japonais, l'approche est diplomatique et permet une vraie cohérence, sous la tutelle de la Jica.* »[21] Il en va différemment pour la Corée du Sud dont les moyens sont taillés à la dimension de sa moyenne puissance (Kyu-Deug Hwang, 2014).

---

encore moins de développer l'industrie d'armement. La Corée du Nord fait aussi partie de ces États dits anormaux sur le plan international.

[21] Voir son commentaire à la chaîne Radio France Internationale, http://www.rfi.fr/hebdo/20150130-japon-afrique-paix-developpement-concurrence-Chine-asie, consulté le 30 avril 2016.

Chapitre 2 :

Les approches et les moyens d'action de la Corée du Sud sur le continent

Il y a quelques décennies, du moins après la période de la signature des conventions de Vienne sur les relations diplomatiques ou sur les relations consulaires, l'institution quasi unique qui représentait un État dans un pays tiers était la mission diplomatique. Non pas qu'il n'existait pas déjà d'autres institutions dont l'implantation dans le pays d'accueil a même précédé l'établissement de relations diplomatiques, mais que ces institutions étaient comme placées sous le boisseau et agissaient pour le compte de leurs pays respectifs dans le strict anonymat. Aujourd'hui, les choses ont bien changé. Les figures du diplomate et du soldat ne semblent plus être les seules à partir desquelles les États agissent sur la scène internationale comme le pensaient les réalistes au début de la deuxième moitié du siècle dernier. La scène internationale est aujourd'hui prise d'assaut par un nombre important de pôles d'acteurs qui opèrent à la fois *par le haut*, avec l'insertion des négociations économiques et commerciales dans un cadre multilatéral, et *par le bas*, avec l'émergence d'une diplomatie décentralisée. Cette situation amène Alexandre Kateb (2010, 3) à conclure que « *les diplomates professionnels ne représentent plus qu'un pôle parmi d'autres, dans un jeu d'interactions complexes* ».

Pour faire face à la diversité des préoccupations (défense, sécurité, économie, culture) et des enjeux qui se posent aujourd'hui aux États dans un contexte de mondialisation, la Corée du Sud, comme la majorité des pays émergents, s'est dotée depuis plusieurs années d'institutions performantes (1) et des moyens financiers conséquents pour atteindre les objectifs qu'elle se fixe sur le continent africain (2).

1. Les institutions au service des ambitions économiques de la Corée du Sud

Pour mieux conquérir les marchés et trouver de nouveaux espaces de sécurisation de ses ressources énergétiques, la Corée du Sud a su adapter son outil diplomatique aux nouveaux enjeux imposés par la mondialisation. Ainsi, s'est-elle montrée particulièrement déterminée à initier une ère nouvelle avec les pays africains, en proposant, la création de nouveaux cadres de rencontres, de discussions et d'échanges en amont (1). En aval, elle s'est appuyée autant sur les acteurs gouvernementaux que sur le secteur privé sud-coréen afin de mieux coordonner cette stratégie (2).

1.1. Des cadres de rencontres rénovés

Au cours de la tournée qui l'a successivement conduit en Égypte, en Algérie et au Nigéria en avril 2006, le Président Roh Mooh-Hyun a annoncé l'« initiative coréenne pour le Développement de l'Afrique » qui visait à tripler l'Aide Publique au Développement de la Corée vis-à-vis des pays africains par rapport à son niveau de 2005 jusqu'en 2008 (Vincent Darracq and Daragh Neville, 2014, 6). Pour joindre l'acte à la parole, ce dernier a initié trois forums Corée-Afrique[22] : le Forum triennal Corée-Afrique placé sous la houlette du Ministère coréen des Affaires étrangères et l'Union Africaine. Ce Forum est une plateforme de discussion entre les ministres africains et le ministre coréen des Affaires étrangères. Ensuite, la Conférence biennale Corée-Afrique pour la Coopération économique (KOAFEC) sous la houlette du Ministère coréen de la Stratégie et des Finances), la Banque Africaine de Développement (BAD) et la Eximbank de Corée dont la finalité est d'encourager la coopération économique et le commerce. Enfin, le Forum de Coopération Industrielle Corée-Afrique (KOAFIC) placé sous la houlette du Ministère coréen du Commerce, d'Industrie et d'Énergie qui est mandaté pour encourager la coopération bilatérale. C'est un Forum qui se tient tous les ans depuis 2008 et vise à renforcer la coopération industrielle avec l'Afrique et accroître la présence des entreprises coréennes sur le continent africain dont le marché est en pleine expansion[23].

Dans la foulée de ces annonces, les pays africains ont été conviés au premier forum Corée-Afrique en novembre 2006. Cette première rencontre a connu la participation de cinq Chefs d'États africains et des

---

[22] Il y a une divergence entre les auteurs sur le nombre de cadres crées : Kim Soyeun tout comme Lee Ho-Young parlent de deux forums notamment les deux premiers sus mentionnés, or, Vincent Darracq et Daragh Neville parlent quant à eux de trois. En ajoutant aux deux précédents, le troisième mentionné supra.

[23] Il convient de souligner que le Cameroun a pris part au 6e forum en octobre 2013. http://french.yonhapnews.co.kr/news/2013/10/17/0200000000AFR20131017001700884.HTML, consulté le 15 février 2016.

délégués de 25 pays. Le gouvernement de Lee Myung-Bak a poursuivi l'initiative. Ainsi, la Banque import-export de développement de la Corée (KEXIM Bank) et la Banque Africaine de Développement (BAD) ont sponsorisé la KOAFEC en octobre 2008. Le deuxième sommet de Corée-Afrique s'est tenu en novembre 2009, puis le troisième en octobre 2012. En septembre 2010, octobre 2012 et 2014, Séoul a régulièrement accueilli les ministres africains de l'Économie dans le cadre de la troisième, quatrième et cinquième conférence de coopération économique Corée-Afrique. Parallèlement, il s'est tenu au total huit forums de coopération industrielle entre la Corée et l'Afrique.

Si on peut s'interroger aujourd'hui sur l'efficacité de chacune de ces rencontres, il est au moins certain qu'elles ont produit certains résultats. Certains auteurs estiment à cet égard que ces efforts coordonnés des administrations coréennes ont permis à la Corée du Sud d'enregistrer des succès au plan diplomatique grâce aux multiples soutiens des pays africains par leurs votes dans les enceintes internationales[24] (Kim Soyeun, 2013, 56), à l'agrandissement de la carte diplomatique africaine en Corée du Sud[25], ainsi que la multiplication des visites des Chefs d'États africains en Corée du Sud (Vincent Darracq et Daragh Neville, op.cit, 6). Par ailleurs, ces rencontres ont permis aux différents gouvernements sud-coréens de faire des annonces substantielles. En effet, à la Conférence pour la Coopération économique Corée-Afrique de 2008, les participants se sont engagés à renforcer leur coopération dans le domaine des infrastructures, de l'énergie, de technologies de l'information et de la communication, du développement des ressources humaines et Séoul a annoncé une enveloppe de 760 millions de dollars pour soutenir les projets de coopération économique jusqu'en 2010 (Ik Chang Jang, 2008). Au cours des prochaines rencontres, la Corée du Sud a fait bien d'autres promesses intéressantes[26].

---

[24] À titre d'illustration, l'élection de Ban Ki-Moon ancien ministre coréen des Affaires étrangères en qualité de Secrétaire général des Nations Unies depuis janvier 2007 et sa réélection en juin 2016 pour un second mandat qui s'achèvera en décembre 2016 ; le succès pour l'accueil du secrétariat du Fonds Vert pour le Climat

[25] Sept pays africains ont ouvert leur Mission diplomatique en Corée du Sud depuis 2007, notamment le Kenya (2007), l'Angola et le Sénégal en 2008, le Rwanda en 2009, l'Éthiopie en 2012 (il s'agissait d'une réouverture après avoir ouvert en 1997 pour fermer en 2002), la Sierra Leone et la Zambie en 2014.

[26] Voir la Déclaration conjointe sur la Coopération économique, 15 septembre 2010. Dans le plan d'action 2013-2014 adopté en 2012, la Corée s'est engagée à accroître le

Pour exécuter avec une certaine efficacité l'ensemble de ses engagements pris en Afrique, elle s'appuie sur un ensemble bien coordonné d'acteurs tant institutionnels qu'infra étatiques.

1.2. L'appui des acteurs institutionnels et infra étatiques

C'est sur ce terrain que le déploiement de la Corée du Sud cadre parfaitement avec le jeu et les enjeux de la diplomatie économique. En effet, comme les autres pays développés ou émergents, elle a tôt fait de comprendre que la diplomatie aujourd'hui n'est plus que la continuation de la guerre par d'autres moyens comme semblaient le penser les théoriciens de l'école réaliste. On serait aujourd'hui retourné à l'ère mercantiliste d'une guerre économique que se livreraient les nations dans un jeu à somme nulle selon Kateb Alexandre (2010). La diplomatie économique serait donc une manière pour l'État de renforcer sa puissance face aux autres États, en se servant des moyens économiques. Elle poursuit une finalité gagnant-gagnant et se démarque ainsi de la diplomatie du développement dont la finalité est de capter toutes ressources découlant de l'aide publique au développement. Pour se faire, l'État utiliserait un ensemble d'acteurs dont le rôle est de servir de levier pour donner à l'État la capacité de soutenir efficacement l'expansion à l'international des firmes nationales ou d'attirer les investissements sur son sol.

Cette pratique ne date pas d'hier. Les modes opératoires divergent d'un pays à l'autre. La Chambre de Commerce et d'Industrie de Paris a montré quelques exemples de choix opérés par quelques États pour leur diplomatie économique (CCIP, 2012). Aux États-Unis, en Grande-Bretagne, en Italie, en Allemagne ou en Turquie, l'État ne se comporte pas de la même manière pour le soutien de ses entreprises à l'international. Aux États-Unis par exemple, le système repose davantage sur les fondations et institutions privées et plus récemment, sur des agences autonomes par rapport aux départements ministériels avec des formes juridiques très diverses. La Grande-Bretagne s'appuie

---

Fonds pour le Développement de la Coopération économique (EDCF) de 15 millions de dollars pour appuyer le plan d'action 2013-2014 de cette conférence. Dans le même ordre d'idées, les parties ont retenu un total de 37 grands projets qui seront financés sur le continent africain dans six domaines prioritaires tels que les infrastructures, les TIC, partage d'expérience de développement économique... Pour se faire, le Gouvernement coréen a promis de réserver à cet effet une enveloppe de 590 millions de dollars.

sur l'UK Trade and Investment, créé en 2003. Placé sous la tutelle du ministère du Commerce et de l'Investissement, il soutient l'expansion des entreprises à l'étranger, mais aussi les investissements étrangers au Royaume-Uni et l'image des produits britanniques sur les marchés étrangers. En 2008, le Premier ministre britannique a créé le Business Ambassadors Network dont l'objectif est d'aider les PME non pas tant à remporter des opportunités commerciales, mais pour accéder aux marchés. Le système allemand est très différent puisqu'il repose, depuis la fin de la Seconde Guerre mondiale, sur les chambres de commerce avec l'appui des Länders. La présence de l'État est limitée aux initiatives consulaires ou professionnelles en faveur des entreprises. Le système italien repose sur un centre national du commerce extérieur comprenant des guichets régionaux tournés vers les PME et des guichets uniques à l'étranger reliés au réseau diplomatique. Le système japonais repose essentiellement sur le MITI (ministère de l'Économie), mis en place au lendemain de la Seconde Guerre mondiale. Mais la diplomatie économique japonaise (keizai gaikou) a largement souffert de la faiblesse des ambitions politiques du pays sur la scène extérieure. Ce faisant, ce sont les multinationales japonaises qui ont largement développé un « business diplomacy ».

Les pays asiatiques, parmi lesquels la Corée du Sud, procéderaient quasiment de la même manière sur la scène internationale. En effet, cette dernière comme la Chine ou l'Inde disposent à l'international de plusieurs structures aux fonctions diverses et placées immédiatement sous la tutelle administrative de plusieurs ministères.

D'abord la Korea Trade-Investment promotion Agency (KOTRA)[27]. C'est un organisme financé par l'État et dédié à la promotion du commerce et de l'investissement. Il a été créé en 1962 comme une agence de promotion du commerce sur le plan national. Avec plus d'une centaine d'agences réparties dans plus de quatre-vingts pays contre seulement neuf sur le continent africain[28], cette agence a permis

[27] Initialement dédiée à la promotion des exportations de la Corée du Sud (1962-1995), la KOTRA a vu ses attributions s'accroître à partir de 1995. L'activité de promotion des investissements en Corée et à l'étranger a été ajoutée dans son portefeuille dès cette année-là. Cette initiative a été suivie par la création du Korea Investment Service Center en 1998 qui deviendra « Investir en Corée à partir de novembre 2003.

[28] En Afrique, la KOTRA dispose d'agence au Ghana, en Éthiopie, en Tanzanie, en Afrique du Sud, au Soudan, en RDC, au Nigéria, en Mozambique et au Kenya. Voir :

d'insérer la Corée du Sud dans le marché mondial par le biais de ses diverses activités de promotion du commerce à l'étranger comme les études de marché, la promotion des exportations des PME, des services d'information commerciale, l'investissement étranger en Corée (IDE) la promotion et le jumelage d'entreprises. La KOTRA est aujourd'hui bien équipée pour poursuivre ses deux mandats de promotion du commerce et d'investissement, de compétitivité des entreprises nationales, avec pour principal objectif de positionner la Corée du Sud comme un centre des affaires et le hub économique de la région du Sud-Est asiatique[29].

L'Agence Coréenne de Coopération internationale ensuite (KOICA). Elle a été fondée le 1er avril 1991, en tant qu'agence gouvernementale responsable des programmes d'aide pour la réduction de la pauvreté et le développement socio-économique dans des pays en voie de développement. Cet objectif est rendu possible grâce au renforcement de la coopération au développement international et la consolidation du partenariat avec ces pays. Cette agence a pour mission de gérer l'Aide Publique au Développement de l'État coréen en faveur des pays bénéficiaires. Depuis sa création, elle conduit des programmes de don et de coopération technique avec ces pays. Avec ses quarante-six agences réparties à travers le monde, l'Afrique est la plus représentée avec 16 agences contre 15 en Asie, 8 en Amérique latine, et 7 au Moyen-Orient. La KOICA intervient dans des domaines[30] aussi variés que la santé, l'éducation, l'administration publique, le développement rural, l'industrie et l'énergie, en adéquation avec les Objectifs du Millénaire pour le Développement. Elle est placée sous la tutelle administrative du Ministère des Affaires étrangères. Compte tenu de l'importance des projets conduits par cette institution, d'aucuns estiment que le Ministère des Affaires étrangères n'a qu'un rôle marginal dans le financement des projets d'infrastructures (Nicolas F, Pajon C, Seaman, J, 2014, 40). Elle intervient régulièrement en aval pour la formation des ingénieurs dans le cadre des projets d'infrastructures et dans bien d'autres domaines de la connaissance.

---

http://english.kotra.or.kr/foreign/kotra/KHENKT060M.html?TOP_MENU_CD=KOTRA.

[29] Kim Jae Hong, Président Directeur général de la KOTRA, http://www.atpf.org/en/org/korea.html.

[30] Pour le détail des activités de la KOICA en Afrique, voir la section relative à l'Aide Publique au Développement ci-dessous.

La KEXIM Bank (Korea Export-Import Bank) : C'est une banque publique sous tutelle du Ministère de la Stratégie et des Finances. Elle a deux fonctions fondamentales. Depuis sa création (1976), elle a toujours œuvré pour le soutien des entreprises coréennes aux exportations et aux investissements à l'étranger. De ce point de vue, son activité première est dédiée au financement du commerce extérieur de la Corée par des prêts à l'export et des garanties. La KEXIM accorde des prêts aux exportateurs coréens (*export loans*) ou aux importateurs étrangers achetant à des producteurs coréens (*loans to foreign buyers*). À côté de cette fonction régalienne d'agence de crédit-export, la KEXIM est également chargée de gérer deux fonds au nom de l'État : le fonds de coopération inter-coréen (*Inter Korean Cooperation Fund* – IKCF - créé en 1987) et le Fonds de Coopération pour le Développement Économique (Economic Development Cooperation *Fund* – EDCF - créé en 1991). La KEXIM intervient donc également en tant qu'administratrice de l'aide au développement sous forme de prêts concessionnels par le biais de l'EDCF.

Les exportations d'infrastructures figurent explicitement au nombre des activités soutenues par la KEXIM, que ce soit dans son rôle d'agence de crédit à l'export (soutien aux exportations de biens d'équipement et soutien aux investissements dans le secteur du développement des ressources) ou dans celui d'opérateur d'aide au développement (Nicola, Pajon, Seaman, op.cit, 41). Comme on le verra ci-dessous, cette institution représente l'épine dorsale sur laquelle repose la stratégie globale d'exportation et d'expansion du *know how* coréen dans le monde.

Les acteurs industriels quant à eux constituent la raison d'être de tous les efforts consentis ainsi que chacune des stratégies déployées par le Gouvernement coréen. C'est dans la perspective que ces entreprises gagnent du terrain à l'international non seulement en rendant leurs produits disponibles sur le marché mondial, en dépit du lieu de production, mais aussi et surtout en remportant les grands contrats nécessaires pour les sécurisations des ressources naturelles et en gagnant des marchés pour la réalisation ou la mise en place des infrastructures de qualité dans les pays partenaires. En réaction par exemple à l'échec de l'offre coréenne sur les projets de centrale nucléaire en Turquie en mai 2013, le gouvernement a créé une structure de pilotage des exportations stratégiques qui associe l'État (MSF et MOTIE), le secteur privé et les opérateurs publics concernés (l'électricien public KEPCO, la Korea Nuclear Energy Export Industry Association), afin d'identifier les marchés favorables à l'offre nucléaire coréenne.

Comme on peut le constater, la Corée du Sud bien qu'à court de ressources financières importantes au même titre que la Chine ou le Japon, mobilise un nombre impressionnant d'acteurs et d'institutions pour aller à l'assaut du monde. La guerre économique dont parle Harboulot (Harboulot Christian, 2013) se traduit très concrètement dans la volonté de la Corée du Sud de se tailler une part bien importante du gâteau que constituent les opportunités présentes sur le continent africain. Aujourd'hui, la diplomatie économique semble constituer la principale raison d'être de la coopération internationale. Son Aide Publique au Développement est par conséquent un meilleur antidote pour définitivement neutraliser et conquérir les cœurs de ses partenaires du continent.

2. Le renforcement de l'Aide Publique au Développement en faveur de l'Afrique

Plus de cinquante ans après son invention, le concept d'Aide Publique au Développement[31] tout comme son efficacité[32] ne font pas encore l'unanimité parmi la doctrine. Mucherie Matchieu le relève de la plus belle des manières. Mais au-delà de ces divergences, l'on peut retenir que l'APD, au sens du Comité d'Aide au Développement (CAD) de l'OCDE, est constituée de tous les apports en ressources qui sont fournis aux pays et territoires figurant sur la liste de l'organisation ou des institutions multilatérales et qui répondent aux critères suivants :

---

[31] Voir le point quatre du Discours du Président Harry Truman du 20 janvier 1949. Voici-ci un petit extrait « *We must embark on a build new program for making the benefits of our scientific advances and industrial progress available for the improvement and growth of underdeveloped areas. More than half of the people of the world are living in conditions approaching misery. Their food is inadequate. They are victims of disease. Their economic life is primitive and stagnant. Their poverty is a handicap and a threat both to them and to more prosperous areas…*" Pour plus de détails, voir Gilbert Rist (1996), Le Développement : Histoire d'une croyance occidentale. Paris, Presses de la Fondation nationale des Sciences politiques, p.130

[32] Sur la question de l'efficacité de l'APD, voir, DIRK –Jan Koch, Coopération internationale et développement, L'Harmattan, 2012, 135 p ; David Sogge, « Give and Take: What's the matter with foreign aid?" World Review, Vol 6, No. 2, summer 2004, pp. 28-31" (synthesis of the book), voir aussi Tedie Joachim, "l'Aide Publique au Développement : une gangrène à s'en débarrasser ?", inédit.

- Le bénéficiaire fait partie de la liste établie par le Comité d'Aide au Développement (CAD) de l'OCDE ;
- Le donateur a nécessairement une personnalité publique : État, Collectivités locales essentiellement ;
- L'aide doit avoir un but de développement économique et d'amélioration du niveau de vie du pays en développement, être assortie de conditions favorables et comporter un élément de libéralité au moins égal à 25 % (sur la base d'un taux d'actualisation de 10 %)[33].

Comme on peut le voir, grâce à cette aide, les pays développés œuvreraient depuis des années pour l'amélioration des conditions de vie de millions de populations dans le monde. D'aucuns estiment de ce point de vue que la situation mondiale rend l'APD vitale pour de nombreux pays (Larquemin Aurelien, 2008, 146). Aussi bien pour les pays donateurs que pour les pays bénéficiaires. Comme le relève ce dernier, l'APD doit être attribuée à un pays en développement ou à un organisme international qui se chargera d'allouer cette ressource au pays en développement selon ses propres critères. Elle est dite aide bilatérale lorsqu'elle est directement acheminée d'un pays à un autre et multilatérale lorsqu'elle est allouée par l'intermédiaire d'une institution internationale. Il a été démontré que la part de l'aide multilatérale est inférieure à l'aide bilatérale, pour une raison simple. L'aide multilatérale est principalement caractérisée par sa non-conditionnalité, contrairement à l'aide bilatérale qui a la réputation d'être le plus souvent liée à des conditionnalités. La Corée du Sud est un exemple de pays donateur dont l'aide est la plus liée et qui a souvent fait l'objet de critiques du Comité d'Aide au Développement ainsi que de la Communauté internationale. En 2015, elle a accordé 1,46 million de dollars d'aide bilatérale et 450 millions de dollars d'aide multilatérale[34].

---

[33] Voir http://www.oecd.org/fr/cad/stats/aidepubliqueaudeveloppementdefinitionetchampcouvert.htm#Definition, consulté le 28 février 2016.

[34] Cette performance est en hausse de 2,9 % par rapport à 2014. La Corée a débloqué environ 1,86 million de dollars cette année-là. Avec cette performance de 2015, la Corée consacre ainsi 0,14 % de son PIB à l'Aide, bien loin de la moyenne de 0,3 % des pays de l'OCDE. Mais dans son budget pour 2016, le Gouvernement coréen prévoit de consacrer 2,1 millions de dollars à l'aide. Voir : http://french.yonhapnews.co.kr/international/2016/04/14/0400000000AFR20160414003200884.HTML, consulté le 1er mai 2016.

Nous ferons une rétrospective de l'APD de la Corée du Sud en Afrique dans laquelle nous situerons la part réservée aux infrastructures qui est en nette progression.

2.1. Rétrospective de l'APD Coréenne en Afrique depuis 2006

La Corée du Sud est aujourd'hui l'un des rares pays sinon le seul qui est passé de pays bénéficiaire d'APD à pays donateur (KDI, 2011, xi). Son expérience de pays donateur est relativement récente[35], mais c'est depuis son admission au sein du CAD[36] de l'OCDE que le pays multiplie les initiatives en faveur des pays en développement. On peut dès lors comprendre que son aide à ces pays soit l'une des plus modestes parmi les pays membres de l'OCDE. Il convient toutefois de relever que 90 % de son aide était liée par le passé (Tae-Hyung Kim, 2010, 125), du moins avant son admission au Comité d'Aide au Développement de l'OCDE en 2010.

Il est question pour nous de ressortir la part d'aide qui a été destinée à l'Afrique prise globalement. Comme le reconnaissent volontiers les spécialistes des questions coréennes, la grande partie de son aide a pendant longtemps été destinée aux pays du Moyen-Orient tels que l'Iran, l'Iraq, la Jordanie, etc. Entre 2008 et 2009, l'Afrique a reçu environ 199,1 millions de dollars contre 366,4 millions de dollars pour le Moyen-Orient. Parmi les pays africains, l'aide coréenne est octroyée suivant une discipline qui privilégie d'abord ses intérêts. Elle fait usage d'une sorte de discrimination parmi les pays bénéficiaires.

Toutefois, ses domaines d'interventions prioritaires semblent évolués en fonction de la conjoncture sociopolitique et économique de ces pays. Les six pays se situant en Afrique du Nord ont reçu 97,9 millions de dollars entre 2008 et 2014, soit une moyenne de 16,33 millions par an contre 1204,1 millions de dollars, soit une moyenne de 24,57 millions de dollars par an pour l'Afrique subsaharienne[37]. Dans ce schéma, il convient de relever pour s'en féliciter qu'au cours de cette période, la Corée du Sud a multiplié presque par quatre son aide à l'Afrique noire passant de 83,3 à 251 millions de dollars[38]. Cette performance témoigne à elle seule de

---

[35] La Corée est devenue membre de l'OCDE en 1996, après sa création en 1961.

[36] La Corée du Sud a rejoint ce comité restreint en 2010.

[37] Ces pays sont au nombre de 49 contre 5 pays de l'Afrique du Nord.

[38] Dans son rapport annuel de 2013, la KOICA affirme avoir multiplié par trois son aide à l'Afrique, passant de 23 à 65 millions de dollars entre 2006 à 2014. Voir

l'intérêt que l'Afrique dans sa globalité représente désormais pour le « pays du matin calme », et permet aussi d'analyser cette aide comme l'arme absolue de la Corée pour dompter ses partenaires africains.

Les données relatives à l'Aide Publique de la Corée à l'Afrique et en Europe entre 2008 et 2014[39] sont aussi révélatrices d'une autre réalité saisissante : elles mettent parfaitement en relief la stratégie coréenne de sélection-concentration (Ho-Young Lee, 2012). Les figures ci-dessous représentent les quinze premières destinations d'APD de la Corée du Sud en Afrique entre 2012 et 2014 en millions de dollars.

Tableau 3.4 : Les 15 premières destinations africaines de l'APD coréenne en millions de dollars

Rang	**Pays**	**2012**	**2013**	**2014**	**Total**
1	Tanzanie	50,6	56,9	79,8	187,3
2	Mozambique	25,1	57,1	56,5	138,7
3	Éthiopie	20,4	27,3	42,9	90,6
4	Sénégal	31,7	17,3	19,9	68,9
5	Ghana	23,4	9,9	15,8	49,1
6	Rwanda	7,1	12,5	16,5	36,1
7	Cameroun	15,5	7,2	11,4	34,1
8	Uganda	4	11,4	12,2	27,6
9	RDC	6,9	6,3	11,5	24,7
10	Angola	8	10,3	5,4	23,7
11	Kenya	9	5,3	3,7	18
12	Mauritanie	1,1	9,1	7,2	17,6
13	Maroc	6,2	5,4	4,1	15,7
14	Tunisie	3,9	4,8	3,4	12,1
15	Algérie	2,4	5,4	3,8	11,6
	Total	**215,3**	**246,4**	**294,1**	**755,8**

Source : élaboré par l'auteur à partir des données de l'OCDE

Figure 3.4 : histogramme des 15 premières destinations d'APD coréenne en Afrique en millions de dollars

KOICA *annual Report* 2013, p.6. Publié sur : http://www.koica.go.kr/upload/pr/annual/2013_Annual_Report.pdf

[39] http://www.keepeek.com/Digital-Asset-Management/oecd/development/geographical-distribution-of-financial-flows-to-developing-countries-2016_fin_flows_dev-2016-en-fr#page52, consulté le 28 février 2016.

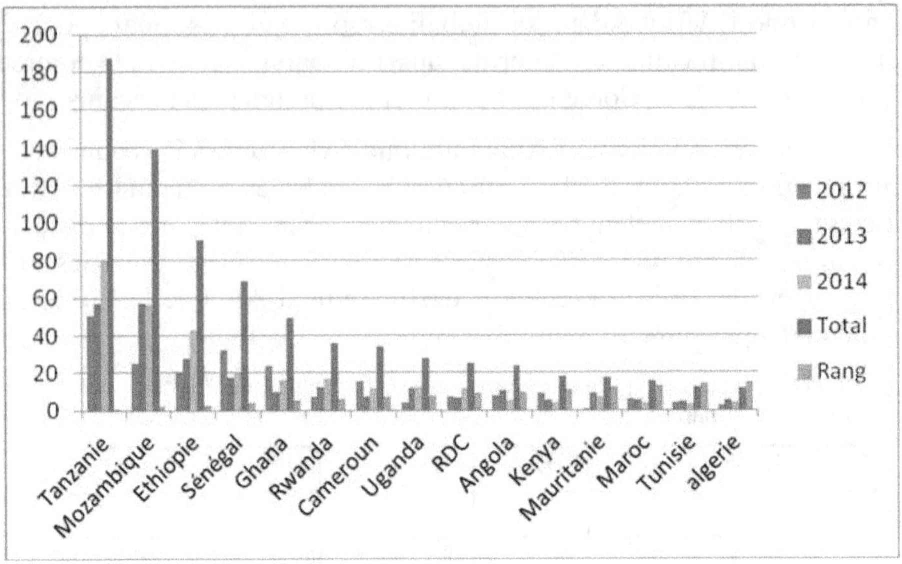

Source : construction de l'auteur

Quelques remarques dignes d'intérêt méritent d'être faites à ce niveau sur deux points : la fiabilité de ces résultats et le changement des tendances de la Corée sur le continent.

Sur le premier point, l'aide totale reçue par l'Afrique au cours de cette période s'est située à 843,7 millions de dollars. Dans cette enveloppe, les 15 premières destinations sur un total de 47 pays ont reçu 89,58 % en valeur relative soit 755,8 millions de dollars en valeur absolue. Par ailleurs, on constate une sorte de variation des résultats d'une source à l'autre. En effet, à s'en tenir aux rapports annuels d'activités de la KOICA et du Fonds coréen de Coopération pour le Développement économique (EDCF) de 2015, l'Afrique a reçu de la KOICA 104,8 milliards de wons soit environ 82,362 millions de dollars d'aide en 2013 et environ 267,567 millions de dollars du fonds[40]. Ce qui représente un total de 349,929 millions de dollars d'aide seulement en 2014. Or d'après le tableau 4.3 ci-dessus issu du rapport de l'OCDE, le continent n'aurait reçu que 332,7 millions de dollars cette année-là[41].

[40] D'après le rapport, les engagements du fonds ont représenté de 18,9 % du total de ses engagements qui se sont élevés à 1273,49 millions de dollars. Or les financements réels n'ont été que de 29,9 % de ces engagements. Voir le rapport p.16.

[41] Relevons aussi que même ce dernier chiffre n'est pas fiable. Car, nos calculs ont donné 328,7 millions de dollars.

Sur le second point, on observe un changement de cap de la part de la Corée. Il n'y a pas longtemps, il existait dans la doctrine comme une sorte de consensus stratégique sur les pays africains. En 2011, la KOICA a accordé les dons du gouvernement à cinq pays prioritaires à savoir : Tanzanie, Éthiopie, Maroc, Kenya, Rwanda. Or aucun de ces pays ne figure parmi les cinq premiers qui bénéficient des crédits de la Corée sur la même période. (Soyeum Kim, op.cit, 61). Cette tendance de 2012 s'est poursuivie en 2013, faisant des pays pauvres ne disposant pas d'importantes ressources naturelles, les premiers bénéficiaires des dons de la Corée.

Tableau 3.6 : Top 5 des pays bénéficiaires de la KOICA en Afrique (en 1 million de wons et en %)[42]

Rank	Country	Aid Amount	Proportional Breakdown	
			KOICA's Total Disbursement	Disbursement for the Region: Africa
1	Ethiopia	15,142	2.9	14.4
2	Rwanda	10,086	1.9	9.6
3	Uganda	9,248	1.8	8.8
4	Tanzania	7,991	1.5	7.6
5	Tunisia	6,561	1.3	6.3
	Total	49,028	9.4	46.7

Cette nouvelle tendance confirme bien le constat de Vincent Darrack et autres selon lequel la Corée du Sud ne se cantonne plus aux pays riches en ressources naturelles, mais aide aussi considérablement les pays qui en sont dépourvus (2014, 10).

L'étude des quinze pays prioritaires de la Corée en Afrique révèle aussi qu'il fait désormais la part belle à l'Afrique noire, mais d'abord aux pays de l'Afrique de l'Est essentiellement d'expression anglaise. Pour se féliciter de cette situation, les autorités du pays indiquent que l'aide de la Corée obéit désormais aux spécificités des pays africains. Aux pays très pauvres et ceux à bas revenus, l'aide vise à renforcer les besoins de base. Alors que pour les pays à revenus intermédiaires et à hauts revenus notamment les pays de l'Afrique du Nord, l'aide vise à soutenir leur développement économique (Rapport Koica 2013, 48). Cette stratégie est mise en œuvre dans le cadre de la répartition sectorielle de l'aide dans laquelle les infrastructures connaissent un regain d'intérêt.

[42] Voir le rapport Koica 2013, p 46.

2.2. Les infrastructures, nouvelles priorités de l'APD Coréenne sur ce continent africain

Nous abordons à présent la structure de l'aide publique au développement de la Corée du Sud dans le monde en général et en Afrique en particulier. Les pays donateurs font généralement l'objet des critiques du fait que l'aide qu'ils octroient aux pays bénéficiaires ne les permet pas de sortir de la trappe du sous-développement, peut-être parce que l'utilisation qui est faite l'aide ne produit pas la valeur ajoutée dans les économies qui en bénéficient. Elle inciterait à la consommation des bénéficiaires au détriment de l'investissement, de même qu'elle découragerait ce dernier à améliorer la qualité de sa gouvernance (Amewoa Agbessi Komla, 2008, 7).

Consciente de toutes ces critiques et dans sa volonté de polir davantage son image auprès des pays africains dont le regard semble trop tourné et fixé avec plus ou moins de confiance sur les actions d'envergures menées par les pays tels que la Chine et l'Inde, la Corée du Sud s'est engagée à faire de son aide publique un instrument pour le développement du continent africain. Dans la déclaration conjointe du forum sur la coopération économique Corée-Afrique 2010, elle a expressément décidé d'appuyer le continent dans ses efforts de réduction de la pauvreté et de promotion de la croissance économique et l'aider à faire face aux différents défis auxquels ils sont confrontés notamment, les infrastructures (Déclaration KOAFEC, 2010, 1).

La Corée du Sud a par conséquent fixé les priorités de sa coopération avec l'Afrique. Il s'agit de la coopération dans le domaine du développement des infrastructures, le développement des ressources humaines, l'agriculture et le développement rural, la promotion des petites et moyennes entreprises, la croissance verte. Il faut relever ici et avec intérêt, la place de choix réservée aux infrastructures. Pour accompagner ces engagements, elle avait promis de doubler le montant du Fonds de Coopération pour le développement économique, à l'horizon 2012, à travailler conjointement avec la Banque Africaine de Développement pour apporter un appui financier aux projets de développement des infrastructures transfrontalières (réseaux électriques, réseaux de transport tels que routes, chemins de fer et ports) (Déclaration KOAFEC, 2010, 4).

Comme on peut le constater, les priorités de la KOICA ne sont pas les mêmes que celles du Fonds de Coopération pour le Développement économique. Le tableau ci-dessous est une répartition par secteur des aides de la KOICA aux pays africains.

Tableau 3.7 : Répartition par secteur des concours de la KOICA en Afrique en 2013

secteurs	**montants en millions de wons**	**proportion en %**
Éducation	29,639	28,3
Agriculture, Foresterie, pêche	23,786	22,7
Santé	21,808	20,8
Administration Publique	18,066	17,2
Industrie et énergie	11,155	10,6
soins d'urgence	0,392	0,4
Total	104,846	100 %

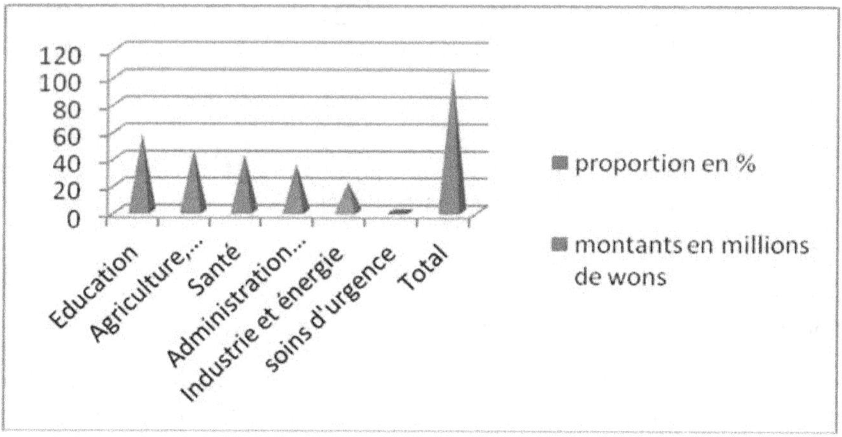

Source : adapté à partir du rapport 2013 de la KOICA

Dans chacun de ces domaines, les interventions de la KOICA ont pour finalité le renforcement des capacités de management, le soulagement des populations victimes de certaines maladies. Ses interventions ont globalement eu pour finalité de contribuer à l'atteinte des Objectifs du Millénaire pour le Développement (OMD) et d'anticiper sur l'agenda post 2015. La stratégie du fond EDCF est par contre un peu différente de celle de la KOICA comme l'illustre le tableau ci-dessous.

Tableau : 3.8 : Engagements financiers de la Corée dans le monde en 2014

Region	2014			Cumulative Total		
	Number	Amounts	Share	Number	Amounts	Share
Asia-Middle East	**22**	**1,072,532**	**75,90%**	**240**	**8,053,780**	**69,10%**
South & central Asia	7	469,577	33,20%	68	2,386,474	20,50%
Far East Asia	14	588,74	41,60%	162	5,381,756	46,20%
Middle East	1	14,2015	1,00%	10	285,55	2,50%
Africa	**5**	**567,567**	**18,90%**	**58**	**2,426,045**	**20,80%**
North of Sahara	1	127,647	9,00%	2	154,501	1,30%
South of Sahara	4	13,92	9,90%	56	2,271,544	19,50%
Europe	0	0	0 %	13	427,314	3,70 %
Oceania	0	0	0%	2	16,102	0,10%
America	**1**	**73,66**	**5,20%**	**24**	**724,62**	**6,20%**
North & Central America	1	73,66	5,20%	17	472,964	4,10%
South America	0	0	0%	7	251,656	2,20%
Total	**28**	**1,413,759**	**100 %**	**337**	**11,674,861**	**100 %**
	1,273,42 USD million			**10,621,42 USD million**		

Source : Rapport annuel EDCF 2014

D'après le tableau ci-dessus, les pays d'Asie et du Moyen-Orient sont les principaux bénéficiaires des prêts concessionnels de la Corée, avec des concours représentant 75,9 % de l'ensemble de son aide contre 18,9 % pour l'Afrique et seulement 5,2 % pour l'Amérique centrale et du nord.

Les activités du Fonds de coopération pour le développement économique quant à elles ont eu pour principal objectif le développement des infrastructures. En effet, le fonds s'est engagé en 2014 à financer 5 principaux projets en Afrique évalués à 267,567 millions de dollars. Cette performance porte le total des projets de développement financés par ce fonds en Afrique à 58, pour une enveloppe de 2426,045 millions de dollars, soit 20,8 % du total cumulé de ses engagements dans le monde en 2014 (Rapprt EDCF 2015, 34). Relativement aux affectations de ces financements, sur l'ensemble des 28 projets financés dans le monde, 15 sont destinés aux infrastructures sociales, 11 aux infrastructures économiques, et deux dans le secteur de la production et dans d'autres secteurs. Le tableau ci-dessous est une illustration des engagements du fond dans le monde entre 1987 et 2014.

Tableau3.9 : prêts cumulés d'EDCF entre 1987 et 2014

Category	**1987-2009**	**2010**	**2011**	**2012**	**2013**	**2014**	**Total**
Commitments	**5,433,374**	**1,219,121**	**1,033,619**	**1,233,543**	**1,314,445**	**1,413,759**	**11,646,265**
Loans to foreign governments	5,431,778	1,219,121	1,033,619	1,233,543	1,314,445	1,413,759	11,646,265
loans for korean investments in developing countries	1,596	0	0	0	0	0	1,596
Disbursements	**2,323,130**	**410,698**	**509,716**	**577,942**	**614,818**	**630,845**	**5,067,150**
Loans to foreign governments	2,321,534	410,698	509,716	577,942	614,818	630,845	5,065,554
loans for korean investments in developing countries	1,596	0	0	0	0	0	1,596
Number of commitments	**222**	**23**	**25**	**18**	**21**	**28**	**337**
Loans to foreign governments	220	23	25	18	21	28	335
loans for korean investments in developing countries	2	0	0	0	0	0	2

Les experts en développement sont unanimes sur le fait que trois types d'infrastructures permettent à un pays d'enregistrer une croissance économique : les infrastructures liées à l'énergie, les infrastructures de transport et les infrastructures de télécommunication. La Corée du Sud a consacré une part importante de ses crédits aux infrastructures de transport (58,4 % du total de ses engagements). Cette situation confirme bien la volonté de ce pays de contribuer au développement économique de ses partenaires. Toutefois, il convient de relever qu'ici, la Corée délaisse complètement les infrastructures énergétiques et celles relatives aux Technologies de l'Information et de Communication (TIC). Sans doute parce que ces secteurs sont pris en charge par les dons de la KOICA[43]. Les infrastructures sociales (37 %) constituent la seconde priorité de la Corée dans ses relations avec ses partenaires. Elles comprennent notamment l'éducation, la santé, l'adduction d'eau, la gestion électronique des services publics et la société civile. Ce choix permet de conclure que la Corée s'intéresse également aux aspects liés au développement humain de ses partenaires.

Rendu à ce niveau d'analyse, il est constant que la Corée du Sud, en sa qualité de puissance moyenne et d'acteur structurateur des débats sur le développement du tiers monde et de l'Afrique en particulier, a des ambitions manifestes et mobilise par conséquent les moyens à sa disposition pour les réaliser. Elle est consciente du retard qu'elle accuse dans sa relation avec l'Afrique par rapport à ses devancières chinoises et japonaises. Elle reconnaît aussi qu'elle n'a pas une capacité susceptible d'égaler celle de ces dernières sur le continent africain (TAe-Hyung Kim, op.cit, 129).

Elle devrait s'employer à développer avec l'Afrique, une vraie amitié non pas seulement fondée sur les ressources économiques qu'elle ne dispose pas suffisamment, mais sur la sincérité, la volonté avérée d'œuvrer ensemble pour le décollage économique de l'Afrique. La Chine comme le Japon semblent placés dans le même panier par certains experts notamment sur la question de savoir si ces dernières

---

[43] D'après le rapport 2013 de la KOICA, cette institution a réservé 11 % de ses aides au secteur de l'énergie, soit 11, 547 millions de wons (soit environ 9237,6 dollars). Cette performance est très dérisoire pour un continent où environ 650 millions de personnes vivent encore dans le noir en 2015. Voir : http://www.scidev.net/afrique-sub-saharienne/energie/dossier/le-deficit-energetique-en-afrique-delestage.html

sont vraiment disposées à accompagner l'Afrique vers un développement durable.

Peut-être faut-il se féliciter, mais pas à l'excès, des efforts consentis ces cinq dernières années par la Corée dans sa relation avec l'Afrique. Elle a pu faire passer son aide publique au développement de 0,05 avant 2010 à 0,13 % de son RNB en 2015 même si son objectif était d'atteindre 0,25 % à cette période. Elle accorde désormais son appui aux pays africains en fonction de leurs spécificités et leurs besoins.

Ceci étant, il est indispensable de retenir que l'altruisme n'est pas d'essence des relations de coopération qui s'épanouissent naturellement dans un jeu d'intérêt. Ainsi, malgré les efforts ainsi consentis par la Corée, ses activités sur le continent africain se heurtent encore à l'amateurisme des Africains dans le montage des projets de développement économique. Il est regrettable de constater qu'il y ait des engagements juridiques à financer des projets, mais que les décaissements ne suivent pas parce que leurs conditions ne sont pas réunies. Lorsque sur un engagement donné le partenaire financier ne parvient à décaisser que 33 % de son total alors que les financements sont disponibles, on comprend qu'il y a un réel problème de maturité des projets. Le gouvernement de Corée du Sud devrait aider les agents publics africains dans le montage des projets bancables. À présent, regardons de près la dynamique de la diplomatie économique coréenne au Cameroun en ce qui concerne le développement des infrastructures de ce pays d'Afrique centrale.

2e PARTIE :

L'ENGAGEMENT DE LA CORÉE DU SUD DANS LE DÉVELOPPEMENT DES INFRASTRUCTURES AU CAMEROUN

Les relations entre le Cameroun et la Corée remontent à un an après l'indépendance du Cameroun, le 1er janvier 1960. C'est en effet depuis le 12 avril 1961 que les deux pays ont établi les relations diplomatiques. Ces relations ont été globalement caractérisées par une léthargie malgré la signature à Yaoundé en 1977, du premier cadre juridique de la coopération comprenant : l'accord général de coopération économique et commerciale. Comme examiné plus haut, l'Afrique et encore moins le Cameroun, n'était pas une priorité dans la politique étrangère de la Corée du Sud. S'il est indéniable que le continent africain constituait une ressource essentielle dans la politique étrangère du pays du matin calme et surtout un théâtre d'affrontement entre les deux Corées, il demeure aussi vrai que la diplomatie économique n'était pas à la portée de ce pays durant ces années, même si la toute première tournée africaine du Président Chun Doo-hwan en 1982 avait à bien des égards un arrière-plan de diplomatie économique[44].

Cet accord sera renforcé par la signature en 1983 d'un protocole d'entente de coopération technique. Seulement, ces efforts pour booster la coopération entre les deux pays seront stoppés par la fermeture de l'Ambassade de Corée du Sud au Cameroun en 1998 suite à la crise qui a frappé les pays asiatiques à partir de 1997[45]. La coopération dynamique entre les deux pays est relativement récente et remonte à la réouverture de la mission diplomatique de la Corée du Sud au Cameroun en 2008 et la nomination d'un nouvel Ambassadeur en 2009[46]. Aujourd'hui, il existe entre les deux pays à peu près une douzaine d'accords signés ou en cours de négociation[47]. Examinons l'ensemble des investissements de la Corée du Sud dans le domaine des

---

[44] Cette diplomatie était caractérisée par quelques investissements épars en Afrique subsaharienne et le Cameroun a pu y décrocher un accord pour la construction d'une infrastructure évaluée à 12 millions de dollars comme l'indique un auteur (Sang-Hoon Rhee, 1993, 15).

[45] Cette fermeture intervient un an après la visite du ministre sud-coréen de la Culture et des Sports à Yaoundé, Envoyé spécial de son gouvernement auprès du Président de la République du Cameroun. Mais cette personnalité n'avait pas été reçue par le Chef de l'État en personne et la visite a été considérée par les autorités coréennes comme un échec.

[46] Voir le rapport technique du Ministère de l'Économie, de la Planification et de l'Aménagement du Territoire intitulé : l'État de mise en œuvre de la coopération sud-Coréo-Camerounaise, 2015, inédit, p.12.

[47] Dossier technique de la 3e Session des consultations intergouvernementales Cameroun-Corée du sud, 10-11 novembre 2015, p12.

infrastructures au Cameroun. Après cet examen et sur la base des failles qui seront décelées, quelques solutions de nature à améliorer le niveau de coopération entre ces deux pays dans le domaine des infrastructures seront élaborées.

Chapitre 3 :

Les investissements de la Corée dans le domaine des infrastructures au Cameroun

Cette dernière décennie, dans le grand élan de sa diplomatie économique sur le continent africain, la Corée du Sud a, à travers les différents cadres de rencontres avec le Cameroun, financé autant sur dons sans contrepartie que sur prêts concessionnels un certain nombre de projets. Cette partie sera consacrée au recensement des infrastructures financées par la Corée (1). Une fois ce repérage terminé, on procédera à une évaluation de ces engagements par rapport à d'autres partenaires asiatiques du Cameroun (2) tout en dégageant les contraintes qui minent les élans de chacune des parties ((3).

1. Revue des projets financés par la Corée

Comme l'indique le rapport technique sus évoqué, le financement des projets dans le domaine des infrastructures s'inscrit dans le cadre de la coopération économique. Ces projets de développement touchent des domaines aussi variés que : la santé, l'éducation, les mines, etc. Les tableaux ci-dessous présentent distinctement les projets financés sur don et sur prêt de la Corée du Sud.

1.1. Projets financés ou à financer sur prêt de la Corée du Sud

Tableau n° 4.1 : projets financés sur prêt de la Corée au Cameroun en milliards de franc CFA

Secteurs des projets	Réalisés et en cours de réalisation	En cours de négociation	En perspective	Total
Éducation	17,35			17,35
Santé	30,835			30,835
Transport			874	874
Eau et énergie		301	5	306
Total	**48,187**	**301**	**879**	**1228,187**

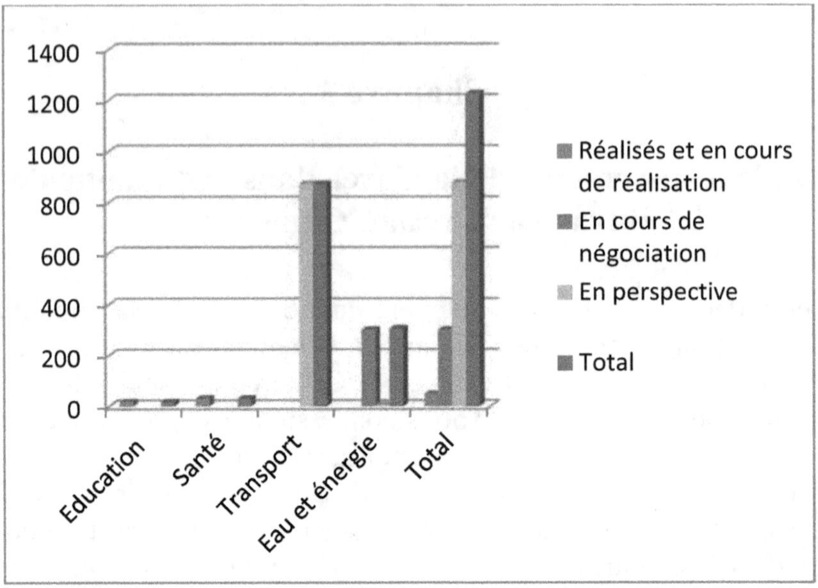

Source : construit à partir des documents officiels du Cameroun

Comme le suggère le tableau ci-dessus, le Cameroun et la Corée balisent encore le chemin de leur coopération dans le domaine des infrastructures. Elle a jusqu'ici effectivement accordé à l'État du Cameroun une enveloppe totale de 48,187 milliards de francs CFA pour quelques projets de réalisation d'infrastructures sociales dans les domaines de l'éducation et de la santé. Il s'agit :

- de la mise en place de trois centres de formation professionnelle d'Excellence à Douala, Sangmélima et de Limbé. C'est un projet évalué à 24 milliards de francs CFA financé à 73,3 % par le gouvernement coréen et 27,3 % par le gouvernement camerounais dans lequel quatorze filières d'apprentissage ont été retenues à savoir : réparation des appareils électroniques ; la mécanique automobile, la mécanique générale, la menuiserie, la bureautique, la beauté, la couture et le stylisme, le multimédia, la soudure, la plomberie, l'électricité, le froid et la climatisation, l'hôtellerie et le tourisme[48]. Un tel projet viserait à doter le Cameroun d'une capabilité dynamique nécessaire pour la

[48] Voir http://www.minefop.gov.cm/index.php?option=com_content&view=article&id=138%3Asignature-contrat-du-projet-de-construction-et-dequipement-de-trois-centres-de-formation-professionnelle-dexcellence-a-douala-limbe-sangmelima-sur-pret-edcf-de-la-republique-de-coree&catid=119%3Acentres-de-formation-dexcellence&Itemid=279&lang=en

résorption du problème d'une main-d'œuvre qualifiée. La philosophie générale de ce projet est de développer la compétence et la qualité du système camerounais de formation professionnelle. On peut aussi comprendre pourquoi les autorités camerounaises souhaitent qu'un tel projet soit étendu aux sept autres régions du pays.

- de deux projets de construction d'un centre des urgences à Yaoundé et d'un hôpital de référence à Garoua. Le premier évalué globalement à 3,3 milliards de francs CFA a bénéficié d'un don de 1,965 milliard de francs CFA du Gouvernement coréen destiné à la réalisation de l'ouvrage, et 1,285 milliard de francs CFA destiné à son équipement et cofinancé par les deux parties. C'est un hôpital de 50 lits dont la finalité est de pallier les problèmes d'urgences médico-chirurgicales de Yaoundé et de ses environs. Entré en service quelques mois avant son inauguration le 18 août 2015, ce centre remplit aujourd'hui la fonction pour laquelle il a été créé c'est-à-dire : intervenir en situation d'urgence pour stabiliser l'état des patients dont le pronostic vital est engagé. L'objectif du gouvernement est d'étendre la construction de ce type de centre à l'ensemble des régions du pays. À côté de ce centre, un accord de prêt de 28,985 milliards de francs CFA a été signé en décembre 2014 entre les autorités camerounaises et les représentants de la KEXIM pour le financement de la construction d'un hôpital de référence à Garoua dont le coût total est de 42,493 milliards. Il a donc été financé à 68 % par la Corée contre 32 % par le Cameroun. C'est un projet qui vise à améliorer l'offre de service de soins de qualité aux populations des trois régions septentrionales du Cameroun. Formation sanitaire de 1re catégorie, il sera bâti sur une superficie de 75 ha pour une capacité de 292 lits. Les travaux de ce projet ont débuté en décembre 2015.

À côté de ces trois projets bouclés et réalisés pour certains, les deux parties négocient encore le financement du projet de construction du port en eau profonde de Limbé dont le coût total s'élève à 301 milliards de francs CFA. D'après la partie camerounaise, tous les obstacles qui ralentissaient le lancement des travaux sont désormais levés. À travers cet important projet, tous les aspects relatifs à la construction, l'aménagement et la fourniture de l'énergie à ce port incombent à la partie coréenne.

En termes de perspectives, la troisième session de consultations intergouvernementales entre les deux pays qui s'est déroulée à Séoul en novembre 2015 a permis à la délégation camerounaise de soumettre une liste de dix-neuf projets dont sept portent sur le bitumage et la maintenance de sept axes d'une distance de 739,4 km au total et évalués à 874 milliards de francs CFA. À côté de ces infrastructures routières, un aspect non détaillé du projet du port en eau profonde de Limbé évalué à 5 milliards de francs CFA a été également soumis.

Dans cette logique, deux projets ont spécialement retenu notre attention à savoir : les travaux de maintenance de l'axe Bafoussam-Fouban, et Bekoko-Limbé-Idenau. La première a une distance de 67 km et se situe dans la Région de l'Ouest, la seconde, une distance de 94 km et se situe dans la Région du Sud-Ouest Cameroun. Le Cameroun a besoin au total de 65 milliards de francs CFA pour cette maintenance. Il convient de souligner qu'il existe au Cameroun depuis la loi n° 96/07 du 8 avril 1996, un Fonds routier dont les missions principales de ses deux guichets sont : l'investissement et la maintenance des routes. Les ressources du Fonds sont des deniers publics constitués par :

- Les ressources pour le guichet « entretien » ;
- Les ressources pour le guichet « investissement ».

Les ressources relatives au guichet « entretien » proviennent de la redevance d'usage de la route (RUR), du droit de péage routier, du produit de la taxe à l'essieu, du produit de la taxe de transit, du produit des amendes définies par la loi n° 2004/021 du 22 juillet 2004, des produits financiers, des dotations financières des ministères.

Concernant le guichet « investissement », les ressources du Fonds Routier proviennent des dons, legs, subventions et aides diverses apportées par les partenaires financiers du Cameroun, de tous financements autres que ceux cités au guichet « entretien » et ayant un rapport direct avec l'usage de la route, des dotations budgétaires des ministères (BIT)[49].

D'après les experts en travaux publics, la durée minimale d'une route nouvellement construite avant sa maintenance est de dix ans. Si on part de ce postulat, on conviendra que pendant dix ans, les autorités du fonds routier ont perçu chaque année l'ensemble des redevances précitées relatives à ces deux tronçons. Comment peut-on après cette période, justifier la sollicitation d'un partenaire pour le financement d'une telle activité ? Serait-ce parce que les fonds disponibles sont

[49] http://www.fondsroutiercameroun.org/ressources_du_fonds_routier, consulté le 10 avril 2016.

insuffisants ou inexistants ? Il est difficile de donner une réponse satisfaisante à pareille question. Mais le moins que l'on puisse dire, c'est qu'une telle sollicitation cache en toile de fond une certaine légèreté, un manque de sérieux de la part des autorités en charge de la maintenance des routes au Cameroun.

1.2. Les projets sur don coréen

Tableau 4.2 : les projets sur don de la Corée en milliards de francs CFA

Secteurs des projets	Réalisés et en cours de réalisation
Éducation :	3,2
Gouvernance électronique	2,2
mine	3
agriculture	1,5
Total	9,9

Source : construit à partir des documents officiels du Cameroun.

Comme le suggère le tableau ci-dessus, les dons de la KOICA au Cameroun s'inscrivent en droite ligne avec ses priorités définies envers les pays en développement. Dans le domaine de l'éducation, elle a signé avec les autorités camerounaises un « record of discussion » en 2013 et l'arrangement en 2014 d'un montant de 3,2 milliards de francs CFA pour la construction et l'équipement de l'Institut National de Formation des Formateurs et de Développement des Programmes. La signature de cet accord se situe dans la foulée des trois Centres de Formation Professionnelle d'Excellence (CFPE) des villes de Limbé, Douala et Sangmélima. Ce projet a pour objectif de renforcer le dispositif de formation professionnelle en mettant à disposition des formateurs de qualité et des programmes de formation permettant d'acquérir les compétences exigées sur le marché de l'emploi. Et comme l'affirmait le maître d'œuvre de ce projet, le ministre de l'Emploi et de la Formation Professionnelle : « *L'institut envisagé permettra au Cameroun de se positionner comme leader dans le domaine de la formation des formateurs dans la sous-région* »[50].

[50] Propos tiré du discours de cette autorité lors de la signature de cet accord le 1er juillet 2014.

Dans le domaine de la gouvernance électronique, deux projets ont bénéficié de la « générosité » de la Corée : le plan directeur « e-procurement », financé par un don de la KOICA d'un montant de 800 millions de francs CFA. Ce projet réalisé et mis en service en mai 2015 vise l'arrimage du secteur des marchés publics aux technologies modernes de l'information et de la télécommunication, afin d'améliorer la qualité du service et de lutter contre la corruption et les lenteurs administratives qui ont cours dans ce secteur. Le projet permettra plus spécifiquement d'améliorer la transparence dans l'administration des marchés publics et de rendre plus efficace le système des marchés publics. Il faut toutefois relever, malgré la mise en service de cette technologie innovante, que de nombreuses pratiques obscurantistes continuent de défrayer la chronique dans le cadre de la passation des marchés au Cameroun. Les comportements qui mêlent trafic d'influence et abus de pouvoir sont récurrents. Les institutions formelles existent bel et bien, mais les pratiques informelles sont plus puissantes[51].

En 2010, la KOICA a fait don à l'État camerounais d'une somme de 1,4 milliard de francs CFA pour la mise en place de la clé d'infrastructure publique. Cette infrastructure offerte par la Corée et inaugurée en 2012 est une technologie innovante qui permet de protéger efficacement le cyberespace du Cameroun. Désormais, les différentes Administrations publiques, les entreprises, les hommes d'affaires, les populations camerounaises et étrangères vivant au Cameroun, la communauté des internautes, ont les moyens d'échanger en ligne des informations sécurisées, grâce à l'Infrastructure Nationale à Clé Publique[52].

Dans le domaine minier, un « record of discussion » a été signé entre le Ministère de l'Industrie, des Mines et du Développement Technologique du Cameroun et la KOICA en août 2011 pour la construction d'un laboratoire National Minier à Yaoundé. À travers ce document, la Corée du Sud a offert 3 milliards de francs CFA pour la réalisation de cet ouvrage. Cette infrastructure sera réalisée par

[51] Voir au sujet des sociétés informelles, Aroma Moreau, (2008), Pour refaire l'Afrique par où commencer ? L'Harmattan, 2008, pp 123-199.

[52] Voir le Discours du ministre des Postes et Télécommunication du Cameroun lors de l'inauguration de cette infrastructure le 29 octobre 2012. http://www.antic.cm/images/stories/data/IMG/pdf/DISCOURS_MINPOSTEL_INAUGURATION_OFFICIELLE_DU_CENTRE_PKI.pdf.

l'entreprise POSCO, une société coréenne spécialisée dans le domaine de la sidérurgie. Il convient de souligner que la réalisation de cette infrastructure s'inscrit dans sa volonté de contribuer de manière déterminante à la transformation des gisements de fer du Cameroun[53]. Cette entreprise est actionnaire à 20 % dans la future société de sidérurgie à construire au Cameroun[54].

Dans le domaine de l'agriculture enfin, la KOICA a accordé un don de 1,5 milliard de francs CFA pour l'aménagement de 20 hectares de terre, la construction sur une superficie de 100 m^2 d'une maison d'habitation ainsi que d'une rizerie, la dotation d'équipements et de matériel pour la production et les opérations post-récolte. Jusqu'en 2015, 3,5 ha de terrain étaient effectivement mis en valeur pour la production de riz pluvial, avec un dispositif d'irrigation d'appoint de 0,5 ha. Avec cet accord, le Cameroun ambitionnait de produire avec l'aide de la Corée, 112 tonnes de semences certifiées de riz irrigué, 12 tonnes de semences certifiées de riz pluvial et 1 tonne de semence de base de riz pluvial. Avec ce seul projet, le Cameroun pourrait progressivement avoir une autosuffisance alimentaire en matière de riz. Mais il convient de souligner que ce projet est minime comparé à ceux entre le Cameroun et la Chine (Tedie Joachim, 2014, 111) ou l'Inde (BAD 2012, 14)[55]. Le pays ambitionnait de doubler sa production du riz d'ici 2015 pour atteindre 205 000 tonnes [56]. Selon certaines estimations, la production nationale du riz culminait encore à moins de 100 000 tonnes en 2014 sur un besoin d'environ 300 000 tonnes[57], et ce

---

[53] En 2011, le ministre camerounais des Mines a déclaré lors d'une rencontre avec les dirigeants de POSCO que : « le domaine minier camerounais est exploité à 40 % et à 60 % non exploités. 15 % du fer de Mbalam sera transformé localement ». Voir Cameroon Tribune du 26 janvier 2011.

[54] C'est une entreprise qui sera dotée d'un capital de 365,560 milliards de francs CFA dans laquelle POSCO détient 20 %, la SFI 20 %, la France 20 % le gouvernement camerounais 30 % et le secteur privé camerounais 10 %.

[55] Chacun de ces pays a signé avec les autorités camerounaises des accords sur la mise en valeur de 10 000 hectares de terre destinés à la production du riz, du manioc. Mais le problème qui se pose est celui de savoir à qui profite véritablement la production de ces denrées. Les concessions octroyées visent-elles vraiment à permettre au Cameroun d'avoir l'autosuffisance alimentaire ? L'objectif est de porter la production du riz camerounais à 650 000 tonnes afin de parer aux importations.

[56] http://www.investiraucameroun.com/agriculture/2911-3745-le-cameroun-veut-doubler-sa-production-de-riz-et-atteindre-205-000-tonnes-d-ici-a-2015

[57] http://www.camerpost.com/cameroun-plus-de-212-milliards-de-fcfa-pour-limportation-du-riz-24092014/

malgré l'ensemble des programmes développés depuis plusieurs années.

Comme on peut aisément le constater, l'expérience de coopération dynamique entre le Cameroun et la Corée du Sud est très récente. Aujourd'hui, on peut compter au bout des doigts les projets réalisés, ou à réaliser avec l'appui financier et technique de la Corée. Sur la base des deux tableaux ci-dessus, la Corée a déjà appuyé le Cameroun à hauteur de 58,085 milliards de francs CFA, et les deux parties négocient encore le projet de construction du port en eau profonde de Limbé évalué à 301 milliards de francs CFA. Du côté des perspectives, on peut noter qu'elles sont plutôt encourageantes. Plus de 800 milliards et en grande partie pour la construction et la maintenance des routes. Jusqu'en 2015, le portefeuille de la coopération entre les deux pays s'élevait à 200,65 milliards de francs CFA, soit environ 40,13 millions de dollars US pour le financement des projets dans les secteurs socio-économiques tels que l'éducation et la formation professionnelle, la santé, les mines, l'agriculture, les Technologies de l'Information et de la Communication (TIC) et la gouvernance (Rapport MINEPAT, 2015, 20). Ce montant est loin des 80 milliards de francs CFA publiés dans un rapport sur le Cameroun en 2014. La figure ci-dessous est un récapitulatif de l'état de la coopération infrastructurelle entre le Cameroun et la Corée.

Figure 4.1 : situation globale de la coopération infrastructurelle

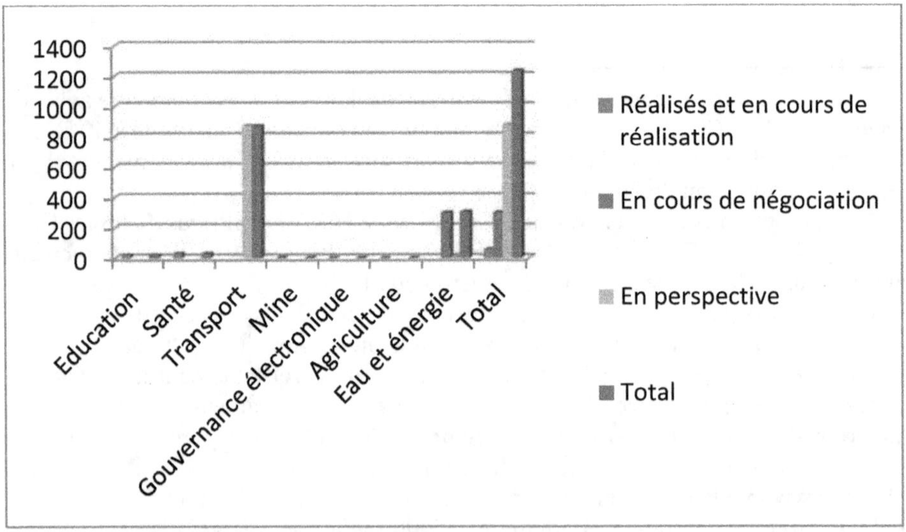

Quoi qu'il en soit, s'il y a une chose certaine à relever : la coopération entre le Cameroun et la Corée du Sud n'est pas encore au niveau des potentialités de chacune des parties. L'évaluation qui suit des engagements de la Corée au Cameroun ne démentira pas ce constat.

2. Évaluation des engagements de la Corée au Cameroun par rapport à d'autres pays asiatiques et par rapport à l'Afrique subsaharienne

depuis 2006, le Cameroun est l'objet d'attention non seulement de la plupart des pays développés, mais surtout des pays émergents tels que la Chine, la Corée du Sud, l'Inde, le Brésil, etc. Chacun de ces pays déploie une stratégie pour atteindre ses objectifs de conquête ou de reconquête du vieux continent. En fonction des enjeux en présence, le niveau de coopération des pays émergents diffère d'un pays africain à l'autre. Le Cameroun n'est pas une exception de cette réalité. Comme envisagé ci-dessus, les engagements de la Corée du Sud en matière de développement des infrastructures du Cameroun restent bien en deçà des potentialités des deux pays, de même qu'ils sont très bas en comparaison de ceux des autres pays tels que la Chine ou l'Inde (1). Vis-à-vis des autres pays africains, le Cameroun n'apparaît pas comme un pays prioritaire dans la diplomatie économique sud-coréenne. Ses engagements par rapport au Sénégal, au Rwanda ou au Ghana sont bien plus importants pour des pays aux potentialités égales sinon en deçà de celles du Cameroun (2).

2.1. Ses engagements par rapport à la Chine et l'Inde

La Chine suscite l'attention de la communauté des États dans le monde et plus particulièrement des pays en développement. Ces dix dernières années, ses engagements sur le continent africain ont beaucoup fait parler d'elle. Si le point de vue occidental au sujet des investissements de la Chine sur le continent est presque toujours négatif (Dorothy-Grace Guerrero et Firoze Manji, 2008), il convient de souligner qu'une analyse neutre de cette présence active révèle que les Africains tirent des dividendes importants de la présence chinoise sur le continent en comparaison des autres partenaires, bien que les défis pour équilibrer ces avantages réciproques soient nombreux (Richard Schiere, 2011, 20)[58]. L'ampleur de ces défis a récemment conduit à la

---

[58] Lire à ce sujet l'avant-propos du Vice-président de la BAD dans le livre intitulé : La Chine et l'Afrique : un nouveau partenariat pour le développement ?

conclusion que les investissements chinois n'ont pas d'effet significatif sur le PIB par tête dans 38 pays africains « *notamment à cause de la politique des entreprises chinoises en Afrique qui encourage les investissements dans les secteurs qui créent moins d'emplois et qui ne permettent pas de vrai transfert de technologie* » (Diaby, 2014 : 4).

La Chine comme bien d'autres pays est souvent critiquée sur le fait que ses investissements en Afrique sont généralement tournés vers les pays qui disposent suffisamment de ressources naturelles. Cette critique semble ne plus résister aujourd'hui à des arguments selon lesquels les investissements de la Chine vont dans tous les pays africains, autant ceux qui détiennent les ressources naturelles que ceux qui n'en possèdent pas assez. Le Cameroun peut être logé dans la seconde catégorie. Ces cinq dernières années, la coopération entre ces deux pays est passée à sa vitesse de croisière. La Chine est devenue en 2014, le premier partenaire financier du Cameroun. En effet, les conventions de prêts signées entre EXIMBANK de Chine et le Cameroun s'élèvent à plus de 3000 [59] milliards de FCFA en six ans environ, avec des engagements financiers et des décaissements allant au-delà de 1800 milliards de francs CFA pour les seules infrastructures (Tedie Joachim, 2014, 99). Au Cameroun, la Chine finance en priorité les projets liés à l'énergie, au transport, à l'alimentation en eau potable, en télécommunication. Ces réalisations de la Chine au Cameroun soulèvent deux interrogations : la Chine serait-elle la principale partenaire commerciale du Cameroun pour l'importation de ses ressources naturelles ? Quelle appréciation peut être faite des investissements de la Chine par rapport à ceux de la Corée au Cameroun ?

Pour répondre à la première question, regardons au préalable les figures ci-après :

[59] Cette information est contenue dans les termes de référence pour le Forum Économique qui devait être organisé en marge de la 7e Session de la Grande Commission mixte entre les deux pays et dont la délégation camerounaise devait être conduite par le ministre de l'Économie. Ce Forum n'a finalement pas pu se tenir comme initialement prévu.

Figure 4.2 : les principaux biens et services exportés par le Cameroun de 2010 à 2015 en pourcentage

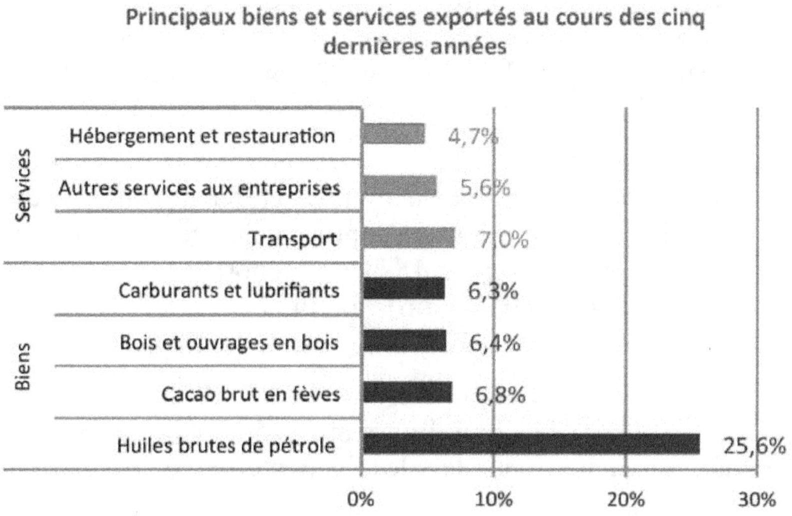

Source : DGD/MINFI/INS

Figure 4.3 : les principaux partenaires commerciaux du Cameroun

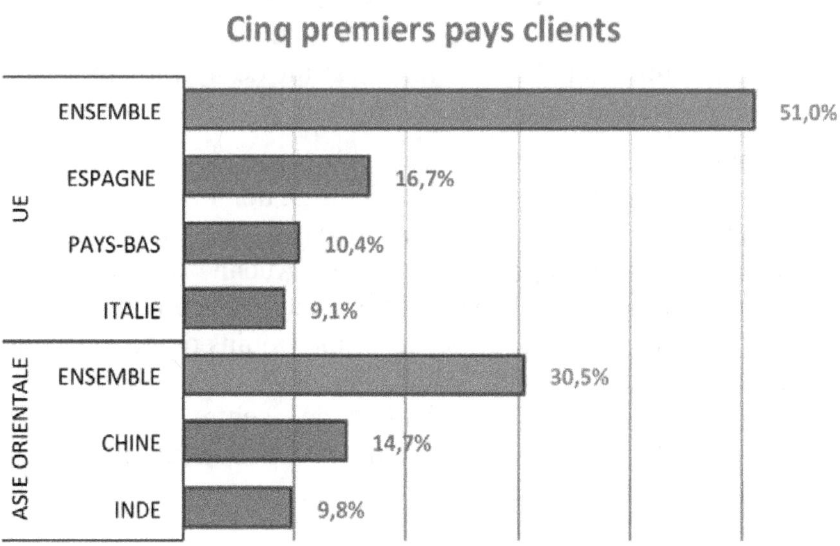

Source : DGD/MINFI/INS

Comme le révèle la figure 4.2, les principaux services échangés avec l'extérieur sont : le transport, les services fournis aux entreprises, l'hébergement et la restauration. Les exportations de biens, peu diversifiées, sont majoritairement constituées des huiles brutes de pétrole, du cacao brut, du bois et ouvrage en bois, des carburants et lubrifiants (INS, 2015, 3).

Selon la même source, l'Union européenne (51 % des importations et 26,7 % des exportations) serait le premier partenaire commercial du Cameroun suivi par l'Asie orientale dont les échanges sont tirés par la Chine (14,7 % des exportations et 18 % des importations en 2014). Pris individuellement, L'Espagne serait le premier partenaire commercial du Cameroun (16,7 %) suivi de la Chine (14,7), des Pays-Bas, de l'Inde et de l'Italie.

Le constat est clair ; la Chine figure au second rang des partenaires commerciaux du Cameroun. Mais les figures ci-dessus ne permettent pas de voir explicitement comment sont structurées les exportations de ce dernier vers la Chine. En se référant à une correspondance[60] du ministre des Finances adressée au ministre des Relations extérieures du Cameroun en mars 2015, on peut y lire que les exportations du Cameroun vers la Chine sont dominées par les huiles brutes de pétrole (en moyenne 55 % de nos exportations vers la Chine jusqu'en 2012), du bois et des ouvrages en bois (23 %). Une situation qui confirme l'idée que la Chine est d'abord mue par un désir imperturbable de sécuriser ses sources d'approvisionnement en Afrique.

Selon un rapport de la Banque Africaine de Développement, l'exécution des projets financés par la Chine ne donne pas suffisamment lieu à l'implication des opérateurs locaux. Le choix se limite exclusivement aux entreprises chinoises. Aucune forme de sous-traitance n'est envisagée. Si les engagements sud-coréens restent de loin inférieurs à ceux accordés par la Chine (moins de 80 milliards de FCFA), la coopération semble contribuer davantage au renforcement des capacités locales. La création de centres de formation professionnelle d'excellence en particulier, constitue un point d'appui important dans la promotion d'un système de formation et de recyclage de qualité. (BAD, 2012, 14).

---

[60] Note au sujet de la préparation de la 8e session de la Commission mixte Cameroun-Chine (Beijing, 1-3 avril 2015), in Archives du Ministère des Relations extérieures, Direction des Affaires d'Asie, Chrono Chine, 2015.

Le renforcement des capacités locales serait le fait de l'implication des entreprises locales dans les projets réalisés ou déduit de la qualité des projets menés ? Le rapport de la BAD est muet sur cette question. Aucune information en notre possession ne permet d'affirmer que les projets conduits par la Corée du Sud au Cameroun impliquent les sous-traitants camerounais. En revanche, le point de vue de la BAD résiste difficilement à la réalité de terrain. Les entreprises adjudicataires des grands travaux au Cameroun doivent sous-traiter au moins 30 % des prestations aux entreprises locales. Il s'agit là d'une exigence du gouvernement camerounais réitérée par le ministre des Travaux publics le 25 novembre 2014. Notons que pour la réalisation du projet de désenclavement de l'accès du barrage hydroélectrique de Memve'ele, c'est avec « Sinohydro corporation limited », une entreprise chinoise, que le Cameroun a contractualisé un financement à hauteur de 11 milliards. Mais une clause de ce contrat obligeait cette entreprise à sous-traiter 30 % des travaux avec les Petites et Moyennes Entreprises camerounaises. Malgré les multiples tentatives de découragement organisées par cette dernière en direction des PME camerounaises, « Bathcam international SARL » et « Universal services » ont acquis des parts de marché dans ce projet[61]. Au-delà des sous-traitants camerounais, la main-d'œuvre camerounaise est aussi exigée dans la réalisation des projets accordés aux multinationales au Cameroun.

Relativement à la seconde question liée à la qualité des projets réalisés par la Corée au Cameroun, nous sommes d'avis qu'à terme, ces projets visent le renforcement des capacités locales. Mais les projets réalisés par la Chine ne sont pas de moindre qualité dans la perspective de développement ! Elle investit massivement dans les infrastructures de décollage économique que sont : l'énergie, le transport et les télécommunications. Nous sommes donc d'avis avec Schiere qui estime que « *La Chine est un partenaire commercial précieux, une source de financement des investissements et un important acteur complémentaire par rapport aux partenaires au développement traditionnels. Elle investit massivement dans l'infrastructure, ce qui contribue à atténuer les goulets d'étranglement au niveau de l'offre et à améliorer la compétitivité* » (Richard Schiere, 2011, 30).

---

[61] Voir le quotidien Le Messager du 10 décembre 2013. Consulté le 10 avril 2016 sur http://www.237online.com/article-11809-cameroun--barrage-de-memve-ele-arnaques-et-entourloupes-chinoises-sur-les-entreprises-camerounaises--cameroon.html

Avec l'Inde, le Cameroun entretient également d'excellentes relations de coopération pour le développement. La Figure 4.3 ci-dessus a montré qu'il serait le 4e partenaire commercial pour l'importation des biens et services du Cameroun[62]. Si ses engagements financiers sont en deçà de ceux de la Chine, ils sont nettement supérieurs à de ceux de la Corée. Déjà en 2012, les experts de la BAD chiffraient l'ensemble de ses investissements à plus de 320 milliards de francs CFA. Le partenariat avec ce pays nous paraît favorable, car quelques projets conduits par lui au Cameroun sont de nature à impulser visiblement, et à court terme, le développement économique du pays. Dans cet ordre d'idées, l'Inde est pleinement engagée pour le développement de l'agriculture au Cameroun. En 2009, deux projets portant sur le développement de la riziculture et de la maïsiculture mécanisées sont financés par Eximbank India. L'accord de financement sur 20 ans d'un montant de 18,825 milliards de francs CFA porte sur la valorisation de 5 000 ha en riz, et autant en maïs. Il était question, dans la première phase de ce projet, que l'Inde mette en place une usine de montage ou de fabrication du matériel agricole. Dans sa première phase, ce projet a déjà permis l'assemblage de 1 000 tracteurs et devrait permettre la fabrication de 500 motopompes, de 100 égreneuses de maïs et de 25 moissonneuses-batteuses. Selon le ministre de l'Économie, le prix de cession de ces engins aux Groupements d'intérêts communautaires, promoteurs de PME agricoles et autres organisations paysannes et professionnelles, devait être de 30 % en dessous des conditions du marché[63]. En 2011, il a aussi financé à hauteur de 21 milliards de francs CFA, un projet de production et de transformation du manioc. Il convient toutefois de souligner pour le déplorer que, huit ans après la signature de ce gigantesque contrat, le projet l'évolution du projet n'est qu'à sa première phase en dépit de

---

[62] En juillet 2014, les exportations de l'Inde vers le Cameroun culminaient à 259,62 millions de dollars soit environ 12,981 milliards de francs CFA et ses importations se chiffraient à 268,20 millions de dollars, soit environ 13,41 milliards de francs CFA.

[63] Lire son propos dans le quotidien Mutations du 29 juillet 2010. Toutes les données agrégées sur la production du riz au Cameroun révèlent que le pays produirait du moins jusqu'en 2015, moins de 110 000 tonnes, pour un besoin estimé depuis 2008 à environ 300 000 tonnes. Pourtant, de nombreuses initiatives ont été entreprises notamment avec en plus de l'Inde, la Chine et le Japon pour porter cette production à au moins 650 000 tonnes d'ici à 2018.

nombreuses alertes lancées par la partie indienne pour son accélération.[64]

Dans le secteur minier, la société Cameroun Alumina Ltd (CAL) (un consortium dans lequel la société Hindalco détient 45 % des participations contre 45 % pour les Emiratis Dubaï Aluminium Company et 10 % pour Hydromine Inc, une firme américaine)[65] est en négociation pour l'exploration d'une mine de bauxite dans la région de l'Adamaoua. Le projet porte sur la construction d'une usine d'alumine avec des infrastructures associées comme les installations ferroviaires d'une distance de 860 km reliant le site de l'exploitation au port de Kribi.

Dans le domaine des TIC, elle a financé à hauteur de 28,86 milliards de francs CFA en juin 2010, un projet de réseau électronique panafricain. L'exécution de ce projet est assurée par la Télécommunication Consultant India Limited (TCIL) au moins jusqu'en 2014 (GRIP, 2014, 10).

Dans le domaine de la santé, une société industrielle pharmaceutique a été inaugurée à Douala en 2010. La Cinpharms est une société qui produit localement des médicaments pour lutter contre les maladies courantes telles que le paludisme, le Sida et la tuberculose, trois fléaux qui menacent de manière redoutable les populations camerounaises.

Dans le domaine de l'énergie, l'Inde a mis en place une ligne de crédit de 40 millions de dollars soit environ 20 milliards de francs CFA pour la première phase d'un projet d'électrification rurale au Cameroun.

---

[64] Voir à ce sujet les archives de la Sous-Direction d'Extrême-Orient, du Pacifique et de l'Océanie du MINREX, 2017, inédit.

[65] Il s'agit d'un projet certes important qui peut permettre au Cameroun de valoriser de manière significative la bauxite de son sous-sol en créant à travers cette entreprise une valeur ajoutée du produit, mais cet accord, de notre point de vue, ne sécurise pas de manière considérable les intérêts du pays. L'État devrait toujours garder dans toutes ces entreprises liées à l'extraction des ressources naturelles, des participations suffisantes pour qu'aucune décision prise dans ces entreprises n'échappe à son contrôle. Répartir le capital d'une entreprise aussi stratégique entre les mains exclusives des firmes multinationales est une grave erreur de la part des autorités camerounaises. Un tel contrat force l'interrogation sur les objectifs réels du Cameroun par rapport à l'exploitation de ses gisements de bauxites. Quelle que soit la raison qui puisse être avancée, pareil contrat est néfaste pour la sécurité à long terme du Cameroun.

D'après les projets présentés ci-dessus dans le domaine des infrastructures, l'Inde aurait déjà déboursé environ 88,705 milliards de francs CFA depuis 2009 au Cameroun. Au regard de ce qui précède, il apparaît donc clairement que l'aide de la Corée du Sud à l'État du Cameroun est marginale par rapport à celle de la Chine ou de l'Inde. Bien plus, comme on peut le voir à travers ses performances avec certains pays africains de même niveau que le Cameroun, ses engagements y sont aussi modestes en comparaison par exemple de ses élans au Sénégal ou au Ghana.

2.2. Ses engagements par rapport au Ghana et au Sénégal

Sur le plan sociodémographique, géographique ou économique, le Cameroun et le Sénégal présentent des disparités. Si les deux pays sont situés sur le flanc ouest de l'océan Atlantique, le Cameroun a une superficie au moins deux fois supérieure que celle du Sénégal. Le premier est situé sur un territoire de plus de 475 444 km^2 alors que le second s'étend seulement sur 196 712 km^2. Du point de vue démographique, la population sénégalaise est estimée en 2011 à 12 855 153 habitants alors que le Cameroun compte 22,5 millions d'habitants en 2014. Sur le plan stratégique, le Cameroun est un pays qui se situe à cheval entre l'Afrique centrale et l'Afrique de l'Ouest. Il est doté de ressources humaines disponibles ainsi que des ressources naturelles abondantes qui n'attendent que d'être transformées dans l'intérêt bien compris de ses populations et de ses partenaires. Il est à lui seul ouvert sur un marché de plus de 300 millions d'habitants et surtout sur des pays qui regorgent une quantité considérable des ressources de la planète (Nigéria, Gabon, Guinée Équatoriale, RCA, Congo…). Le Sénégal quant à lui est limité au Nord par la Mauritanie, à l'Est par le Mali, au Sud par la Guinée et la Guinée Bissau et à l'Ouest par l'océan Atlantique sur une façade de 700 km (Mamadou Lamine Mane, 2014, 75). S'il faut reconnaître que le marché ouest-africain est plus intégré que celui de l'Afrique centrale, notamment en ce qui concerne la liberté de circulation des personnes et des biens, il y a néanmoins lieu de relever que l'Afrique centrale, le Cameroun y compris est bien plus potentiellement riche que les pays sus cités de l'Afrique occidentale. Le poids économique des pays de cette zone est également très considérable (AFDB, 2007, 32). Logé dans le heartland du Golf de Guinée considéré à raison comme l'un des espaces pivots du monde non occidental (Awoumou Côme Damien Georges, 2005,2), qui tient le Cameroun tient cet espace vital. Le Nigéria à lui tout seul, dont l'une des grandes portes d'entrée se trouve au Cameroun à travers un corridor terrestre de plus de 300 km, est la première économie d'Afrique, à côté de son voisin le Cameroun qui représente plus de 52 % de l'économie de la zone CEMAC.

Le Ghana quant à lui est un pays d'Afrique occidentale situé au bord du golfe de Guinée. Les pays limitrophes du Ghana sont la Côte d'Ivoire à l'ouest, le Burkina Faso au nord et le Togo à l'est. Avec une superficie de 238 540 km2 et une population de plus de 27 millions d'habitants (2014), le Ghana est un pays riche en matières premières, notamment en minerais et en pétrole. Son économie demeure cependant essentiellement basée sur l'agriculture. Il a longtemps été le premier producteur mondial de cacao (plus de 1,6 million d'hectares de plantations villageoises) avant d'être largement dépassé par son voisin la Côte d'Ivoire. L'industrie y est plus développée que dans le reste des pays de l'Afrique de l'Ouest. Par ailleurs, le Ghana va devenir dans les années à venir un pays producteur de pétrole grâce à la découverte en 2007 de ressources pétrolières offshore non négligeables.

Sur le plan politique, le Ghana comme le Sénégal sont des modèles de stabilité politique à l'échelle du continent africain. Le multipartisme, le respect du statut de l'opposition et des libertés publiques y sont solidement ancrés. Au terme des élections générales (présidentielles et législatives) du 7 décembre 2015, le Ghana a réussi sa sixième transition depuis l'instauration de la 4e République en 1992 (Document Cadre de Partenariat France-Ghana 2013-2016, 3).

Avec les atouts respectifs de chaque pays examinés ci-dessus, on pourrait objectivement classer le Ghana en première position, le Cameroun en deuxième et le Sénégal en troisième en termes d'intérêt et de convoitise pour les partenaires étrangers. Sauf qu'avec la Corée, la réalité est toute autre. Le tableau 3.5 ci-dessus relatif à la répartition de l'Aide Publique au Développement de la Corée du Sud en Afrique entre 2012-2014, classe respectivement le Sénégal en 4e position, le Ghana en 5e le Cameroun en 7e après le Rwanda qui arrive en 6e position. S'agissant des principaux pays bénéficiaires de l'aide de la KOICA, seul le Rwanda fait partie de ces cinq pays.

Or sur le plan commercial, la Corée du Sud occupe le 28e rang pour les importations et la 39e place pour les exportations des produits sénégalais en 2012 (Mamadou Lamine Mane, 2014, 88) alors qu'elle serait la deuxième partenaire commerciale du Cameroun en Asie après la Chine (Dossier technique 3e session intergouvernementale Cameroun-Corée du Sud, novembre 2015, 14).

Tous ces éléments mis ensemble permettent de confirmer, comme le pensent d'ailleurs la plupart des Africains et des Camerounais en particulier interrogés, que le Cameroun est un acteur marginal dans la stratégie de déploiement de la Corée du Sud en Afrique[66]. S'il est vrai que son aide s'y est accrue ces dernières années conformément à sa promesse de faire figurer le Cameroun sur la liste de ses huit pays prioritaires en Afrique, il n'en demeure pas moins que les principaux pays prioritaires pour l'aide de la Corée n'intègrent pas le Cameroun qui ne figure qu'au 7e rang en Afrique et au 23e rang au niveau mondial.

Cette situation invite à s'interroger sur les raisons qui pourraient l'expliquer ou la justifier. Se poser une telle question c'est examiner en filigrane les contraintes de la présence sud-coréenne dans le secteur des infrastructures au Cameroun.

3. Les contraintes de la présence coréenne dans le secteur des infrastructures au Cameroun

Les contraintes les plus déterminantes auxquelles la Corée du Sud fait face dans sa stratégie de déploiement en Afrique en général et au Cameroun en particulier peuvent être de plusieurs ordres. Les unes sont liées au caractère extrêmement concurrentiel des entreprises à la quête des projets les plus juteux, les autres sont liées à l'état d'esprit de la Corée et du Cameroun.

3.1. Les contraintes liées à l'extrême concurrence des entreprises en quête des projets.

Les entreprises coréennes font partie des dernières arrivées sur les marchés des infrastructures en Afrique. Elles doivent faire face à la

[66] 46 % de Camerounais et Africains interrogés le pensent. Néanmoins, 33 % pensent plutôt que le Cameroun est un pays privilégié parce que les investissements de la Corée au Cameroun vont en s'accroissant. Les arguments avancés par chacune de ces positions nous semblent convaincants. Tout dépendrait alors de l'angle d'analyse. En effet dans une perspective comparative de la coopération d'une part entre la Corée et le Cameroun et d'autre part entre ce même pays et d'autres pays africains, il semble bien que le Cameroun soit marginalisé dans la mesure où il ne fait pas partie des pays que la KOICA qualifie de « prioritaires » pour ses aides en Afrique. Ces pays sont en réalité les cinq principaux destinataires de ses aides. Que ce soit du côté de la KOICA ou de la KEXIM bank, le Cameroun ne figure pas dans la liste des top five.

présence déterminante des compagnies des partenaires traditionnels occidentaux[67]. La présence de ces compagnies en Afrique remonte d'ailleurs à la période de leur colonisation, ce qui leur confère une certaine notoriété naturelle fondée sur la prétention qu'elles maîtrisent plus que toutes autres, les réalités et les problèmes des pays africains. Ces compétiteurs disposeraient également d'une capacité technologique plus avancée ainsi que des ressources financières importantes. Elles doivent aussi faire face à la concurrence des grandes sociétés d'État des pays tels que la Chine qui compensent généralement leur déficit de technologie sophistiquée avec d'énormes moyens financiers.

Après avoir reconnu que la Corée est particulièrement intéressée par les pays africains qui disposent des ressources naturelles ou de matières premières, nous avons fait le constat ci-dessus : au Cameroun, elle concentre son APD dans les domaines de l'éducation, de la santé et de la gouvernance électronique. Il s'agit des secteurs où la compétition n'est pas très rude, car très vastes en besoins. En revanche, les secteurs à hautes compétitions sont ceux relatifs à l'énergie, aux hydrocarbures, aux mines. Sur ces terrains de bataille, les entreprises coréennes sont moins aguerries que les entreprises occidentales ou chinoises. Pour surmonter sa faiblesse face aux entreprises, comme TOTAL ou SINOPEC, la Korea National Oil Corp (KNOC) a opté pour une stratégie de rachat des titres d'exploration et d'exploitation pétrolière et minière. Récemment, elle a racheté la société écossaise Dana Petrolium (Vincent Darracq & Daragh Neville, 2014, 13) qui a signé avec le Gouvernement du Cameroun en juin 2012 le tout premier contrat d'exploration et d'exploitation pétrolière dans la zone de Bakassi. C'est un projet évalué à 37 milliards de francs CFA qui s'étale sur huit ans. Pour les quatre premières années, le contrat vise tout d'abord l'acquisition, le traitement et l'interprétation de données qui seront récoltées sur 250 km² sur un total de 387,53 km^2, ainsi que le forage de deux puits dans un but d'exploration[68].

---

[67] Ces compagnies sont françaises, anglaises, italiennes, américaines, belges, etc.

[68] Il convient de souligner que le potentiel prouvé des ressources naturelles du Cameroun est énorme et les entreprises de nombreux pays frappent à sa porte pour obtenir des permis d'exploitation. D'après une étude récente, il est mis en évidence que le sous-sol camerounais regorge d'au moins 52 types de ressources naturelles. Environ 152 permis de recherches minières ont déjà été octroyés aux firmes multinationales. Voir à ce sujet le dossier du magazine de l'économie du Cameroun :

Par ailleurs, le secteur qui ne connaît pas d'exclusivité au Cameroun est le secteur minier dans lequel deux entreprises coréennes exploitent depuis 2012 des gisements d'or et de diamant. Il s'agit de la société Cameroon & Korea Mining[69], qui a obtenu en 2010 une licence qui lui permet d'exploiter en exclusivité le diamant et les ressources connexes de Mobilong, à l'est du Cameroun. Quant à la Kocam Mining société coréenne, elle s'intéresse au saphir et à l'or de Colomines[70].

Avec ses moyens financiers énormes et sa détermination à occuper le moindre espace d'opportunité sur le continent africain, la Chine domine l'univers des infrastructures au Cameroun. Avec l'un des coûts de réalisation les plus modestes par rapport aux autres partenaires occidentaux, ses entreprises remportent généralement haut la main la plupart des appels d'offres dans le secteur.

L'amateurisme des entreprises coréennes ajouté à certaines manipulations dont celles-ci sont à l'origine constituent d'autres facteurs qui pourraient expliquer l'impopularité des entreprises coréennes dans les projets d'infrastructures au Cameroun et en Afrique. Évoquons pour illustration le retrait du permis d'exploitation de deux blocs pétroliers offshore au Nigéria en 2009 par Umaru Musa Yar'Adua, dès sa prise du pouvoir la même année, au motif que non seulement il y avait un vice de procédure dans l'acquisition de cet accord en 2006, mais la Korea National oil Corp n'avait pas rempli ses engagements contractuels (Vincent Darrack, 2014, 14). À côté de cet affront, il y a le scandale révélé par le Financial Times Magazine, une presse britannique qui critiquait en 2008 l'acquisition par Daewoo Logistic, de 1,3 million d'hectares de terrain cultivable à Madagascar, représentant la moitié des terres arables du pays.

Au Cameroun, après avoir obtenu l'autorisation gouvernementale pour une exploitation exclusive de la mine diamantifère de Mobilong en décembre 2010, la Cameroon & Korea Mining qui a exploré ledit gisement à partir de 2006, a été accusé d'avoir surévalué son potentiel (736 millions de carats dans un premier temps, soit 5 fois la production

---

Investir au Cameroun du 19 septembre 2012, sur le site : http://www.investiraucameroun.com/mines/1909-3615-de-l-or-du-diamant-du-fer-et-de-la-bauxite-enterres-au-cameroun

[69] C'est un holding détenu à 70 % par une société coréenne et à 30 % par l'État du Cameroun, la société civile et les privés.

[70] - See more at: http://thecameroonian.com/article/cameroun-un-potentiel-minier-prometteur#sthash.7js7yFsl.dpuf

mondiale, puis un réajustement qui ramènera le potentiel final à 420 millions de carats), afin de profiter de la spéculation sur la bourse de Séoul (Bodiam Brice, 2014)[71]. D'autres exemples d'actes illicites perpétrés par les entreprises coréennes en Afrique existent, notamment dans le domaine de la pêche dans la zone ouest-africaine. Autant de scandales qui sont de nature à créer des suspicions à l'égard des entreprises coréennes en Afrique. Les autres contraintes seraient par conséquent liées à la perception réciproque de la Corée du Sud et du Cameroun.

3.2. Les contraintes liées à la perception du Cameroun et de la Corée du Sud

Pourquoi la Corée du Sud n'aide-t-elle pas le Cameroun au même titre que le Sénégal, le Rwanda ou le Ghana, des pays sinon en deçà des potentialités économiques, du moins au même niveau en termes d'opportunités que le Cameroun ? Plusieurs raisons subjectives peuvent être avancées pour justifier une telle situation. Mais pouvons-nous en retenir deux qui nous semblent plus défendables sur le plan objectif ? La première est liée à la perception que la Corée et les entreprises multinationales pourraient avoir de l'environnement économique et des affaires au Cameroun. La seconde serait relative à la place que les autorités camerounaises accorderaient à la Corée du Sud dans sa stratégie globale de coopération avec les pays asiatiques en particulier ou tout autre partenaire.

a) Les contraintes liées à la perception du Cameroun par la Corée et ses entreprises

Comme nous l'avons abordé plus haut dans les moyens d'action de la diplomatie économique de la Corée du Sud en Afrique, plusieurs institutions sont au service de cette stratégie. Lorsqu'on regarde de près le positionnement géographique desdites institutions, on remarque que le Cameroun est un espace privilégié de ce déploiement. En effet, sur les vingt-deux missions diplomatiques de la Corée implantées sur le continent, le Cameroun en abrite une. Elle fut fermée pendant la crise asiatique des années 1997 avant d'être rouverte dix ans plus tard en

[71] Bodiam Brice (2014), « C&K Mining cède ses actifs sur le diamant de Mobilong à un sino-américain », Investir au Cameroun, consulté sur : http://www.investiraucameroun.com/mines/2011-5847-cameroun-c-k-mining-cede-ses-actifs-sur-le-diamant-de-mobilong-a-un-sino-americain

2008. Contrairement à certains pays tels que l'Inde, le Vietnam ou la Malaisie qui optent pour la technique d'accréditations multiples en désignant un Ambassadeur extraordinaire et plénipotentiaire auprès de plusieurs pays, mais avec résidence dans un pays considéré comme stratégique, la Corée a toujours accordé une place de choix au Cameroun en y désignant des Ambassadeurs résidents. Bien plus, le Cameroun est l'un des 16 pays qui abritent un Bureau de l'Agence Coréenne de Coopération internationale (KOICA). Il fait partie du cercle fermé des dix pays africains à abriter un centre commercial ou d'affaires de la Corée du Sud en Afrique. Ce centre d'affaires est une branche de l'Agence Coréenne de Commerce pour la promotion et l'investissement (KOTRA) et constitue la section commerciale de l'Ambassade de Corée à Yaoundé. Elle a été rouverte à Douala en janvier 2014.

Autant d'initiatives laissent entrevoir le désir des autorités coréennes de renforcer leur niveau de coopération économique avec le Cameroun. C'est vrai, jusqu'en 2009, la Corée n'avait jamais financé un projet socio-économique au Cameroun. Ces six dernières années, elle a fourni des efforts considérables en faisant figurer le Cameroun sur la liste de ses huit pays prioritaires depuis 2013. Cependant, le problème demeure au niveau de ses réalisations ne sont pas à la hauteur de ses ambitions, compte tenu de son déploiement au Cameroun. Les contraintes liées à la perception du Cameroun peuvent expliquer ce manque de dynamisme.

En effet, les fonctionnaires camerounais ou africains estiment que les différentes menaces à la coopération avec la Corée peuvent être rangées comme suit, par ordre décroissant : la mauvaise qualité de l'environnement économique et des affaires (53 %), la mauvaise gouvernance (43 %), les barrières à la communication (40 %). Ces contraintes peuvent découler des engagements internationaux de la Corée dans sa politique d'octroi d'Aide Publique au Développement. À titre d'illustration, les pays membres du Comité d'Aide au Développement dont la Corée du Sud est membre depuis 2010 ont décidé, lors de sa réunion de haut niveau en décembre 2014, que « *les prêts assortis de conditions non conformes à la politique du FMI sur les plafonds d'endettement et/ou à la politique de la Banque mondiale en matière d'emprunts non confessionnels ne seront pas comptabilisables dans l'APD* » *(Communiqué final, 2014, 9)*. Or, dans son rapport de 2015, le FMI a attiré l'attention de quelques pays de l'Afrique subsaharienne dont le Cameroun, sur l'accroissement de leur dette extérieure. Pour le Cameroun, sa dette extérieure est passée de 23,4 % à 25,6 % du PIB entre juin et décembre 2015 pour s'élever à 3811 milliards de francs CFA. Alors que la stratégie nationale d'endettement à moyen terme votée par le Parlement camerounais prévoit un seuil de 35 % du PIB, largement en deçà du seuil de la sous-région CEMAC fixé à 70 % du PIB de chaque pays de la zone (Jean de Dieu Bidias, 2016)[72]. Dans un tel contexte, les pays membres du CAD auraient des difficultés à octroyer des prêts au Cameroun. Un pays comme le Ghana ne serait en revanche pas épargné de telles critiques, car, en 2014, le pays a été placé par le FMI dans la catégorie des pays à risque élevé dans la mesure où son ratio d'endettement était de 68 % de son PIB. Le Sénégal n'en est pas moins concerné. Mais ce sont des pays plus importants aux yeux des investisseurs et du Gouvernement coréens que le Cameroun. On peut en déduire que bien qu'étant une contrainte majeure pour son investissement au Cameroun, la problématique de la soutenabilité de la dette publique ne serait pas très déterminante.

Le Cameroun connaît des problèmes de gouvernance qui freinent son développement et nuisent à son attractivité aux yeux des investisseurs. En 2015, il se classait à la 130e position sur les 168 pays dans l'indice de la perception de la corruption évalué par *Transparency International,* baromètre mondial de la corruption. Il occupe par ailleurs la 172e place sur 189 économies dans le rapport Doing Business 2016 ». Telles sont les conclusions des données de la Banque Mondiale sur la vue d'ensemble de l'économie du Cameroun au mois d'avril 2016[73]. Pour confirmer ce propos, un auteur a passé en revue presque tous les systèmes politiques en Afrique en qualifiant le système politique camerounais de dictatorial fermé (Moreau Arona, 2008, 149 et s).

Une telle description n'est pas de nature à encourager les appuis financiers de la Corée pour les projets camerounais. Et les autorités comme les firmes coréennes sont très sensibles à ces questions de perception de la gouvernance dans les pays où le risque serait élevé. C'est pourquoi un auteur a indiqué que le plus important pour la Corée,

---

[72] http://mutations-online.info/2016/01/27/cameroun-lendettement-passe-de-234-256-en-cinq-mois/

[73] Cette publication est consultable sur le site : http://www.banquemondiale.org/fr/country/cameroon/overview, consulté le 23 avril 2016.

ce n'est pas de formuler les plans d'action techniques et tactiques, mais de changer sa perception de l'Afrique (Lee Ho-Young, 2012, 5). Il convient toutefois de relever que les méthodes de collecte des données qui aboutissent aux différentes conclusions de ces organisations internationales sont souvent critiquées par les pays concernés par ces rapports.

C'est peut-être la raison pour laquelle, le vice-ministre de l'Économie sud-coréenne avait estimé, lors du 1er Forum sur les investissements et le commerce en Afrique au début de l'année 2011, qu'« *afin d'atteindre l'objectif de plus de mille milliards de dollars d'échanges commerciaux, la Corée du Sud doit ajuster sa perception de l'Afrique et commencer à la considérer comme un marché émergent de premier ordre* »[74].

La situation décrite précédemment est bien différente de celle du Sénégal, pays qui d'après les mêmes sources, compte parmi les plus stables d'Afrique, car ayant considérablement renforcé ses institutions démocratiques depuis son indépendance en 1960.

b) Les contraintes liées à l'intérêt relatif du Cameroun pour la Corée

La Corée du Sud est-elle une partenaire déterminante dans la stratégie de coopération du Cameroun ? La question mérite d'être posée, car de la réponse dépendront les recommandations.

Plusieurs facteurs peuvent permettre de montrer que la Corée du Sud n'est pas un partenaire stratégique pour le Cameroun. Lorsqu'on remonte aux origines de la diplomatie, les cités qui se vouaient respect et considération mutuelle envoyaient systématiquement et par réciprocité auprès des monarques étrangers, au moins des légataires du roi. Cette pratique des cités gréco-romaines a survécu au temps et a été consacrée par la Convention de Vienne du 18 avril 1961. Afin de promouvoir ses relations mutuellement bénéfiques avec le Cameroun, l'État sud-coréen a, après l'établissement des relations diplomatiques avec l'État camerounais en 1961, ouvert à Yaoundé une Ambassade qui a fonctionné jusqu'à la fermeture de 1998 et continue de fonctionner depuis sa réouverture en 2008. De son côté, l'État du Cameroun aurait pu, par réciprocité, ouvrir une Ambassade en Corée du Sud et y envoyer

---

74 http://www.slateafrique.com/36109/coree-du-sud-economie-africaine-ordinateur-samsung, consulté le 23 avril 2016.

une mission. A contrario, non seulement il n'y dispose pas d'une Ambassade, mais l'Ambassadeur extraordinaire et plénipotentiaire du Cameroun dans ce pays avec résidence à Tokyo nommé en août 2008 n'aurait pas, une décennie après, présenté ses Lettres de Créance, malgré les appels incessants des autorités sud-coréennes à ce sujet. Néanmoins, le Cameroun dispose, dans ce pays comme dans bien d'autres, d'un Consulat honoraire dans lequel Monsieur Yong-Mook Park assume les fonctions de Vice-Consul. Les autorités camerounaises évoquent les raisons financières pour justifier le défaut d'ouverture d'une mission diplomatique dans ce pays ami. Or le Cameroun dispose, dans cette partie du monde asiatique, des Ambassades fonctionnelles respectivement à Tokyo, Pékin, et en Arabie Saoudite ainsi que d'une Ambassade non fonctionnelle en Inde depuis un décret présidentiel du 8 mars 2013[75]. L'implantation des ambassades du Cameroun dans ces différents pays est le résultat d'un calcul rationnel des autorités camerounaises. Dans un contexte marqué structurellement par le caractère squelettique de ses missions diplomatiques (Mouelle Kombi Narcisse, 1996)[76], le Cameroun privilégierait plus les pays avec lesquels il aurait des relations fortes et intensives. Les données sur la coopération économique entre le Cameroun et la Chine ou l'Inde présentées ci-dessus permettent de confirmer cet argument.

Un autre indice susceptible de traduire l'intérêt relatif du Cameroun pour la Corée serait la qualité et la fréquence des rencontres institutionnelles ou non institutionnelles entre autorités des deux pays. Sur le plan institutionnel, il existe aujourd'hui entre les deux pays quatre cadres de rencontres. Les deux pays ont organisé en août 1985 une session de Commission mixte. Ils ont par la suite institué depuis 2009, un cadre de consultations intergouvernementales qui a déjà connu trois éditions en juin 2009, juin 2011 et novembre 2015. Depuis 2011, il existe également entre les deux pays un forum sur l'énergie qui a

[75] Il convient néanmoins de relativiser cette situation, car, pour les mêmes raisons économiques évoquées, le Cameroun ne dispose pas de mission en Libye ou à Ankara, des pays qui disposent pourtant une mission au Cameroun.

[76] Aujourd'hui, le Cameroun disposerait d'un réseau diplomatique peu étendu en comparaison avec les pays du même niveau que lui. Il dispose à cet effet d'une cinquantaine de Missions diplomatiques et consulaires, dont trente-huit Ambassades, Hauts-Commissariats, Missions permanentes et Représentations permanentes et douze consulats. L'Asie constitue le troisième cercle concentrique du Cameroun après l'Afrique et l'Europe. Le Bénin dispose de trente-neuf missions diplomatiques et consulaires, le Togo en dispose vingt-deux, le Gabon plus d'une trentaine.

connu sa quatrième édition en mai 2016. Au niveau multilatéral, le forum de coopération économique entre la Corée et l'Afrique est une autre plateforme de rencontre à laquelle le Cameroun n'y prend pas part. Ce qui est constant dans cette présentation, c'est l'inconstance de ces rencontres institutionnelles et encore moins des cadres de suivi institués. Ladite inconstance serait en grande partie due à l'opportunité des rencontres et à la disponibilité des deux parties à les tenir dans les délais. Au niveau non institutionnel, les rencontres de haut niveau entre les deux pays sont pratiquement inexistantes. En 1996, le ministre sud-coréen de la Culture et des Sports a été spécialement envoyé par son gouvernement auprès du Chef de l'État, S.E. Paul BIYA. Cette visite a été considérée comme un échec diplomatique par la partie sud-coréenne du fait que ce dernier n'a pas été reçu par le Chef de l'État camerounais[77]. En outre, le Premier ministre sud-coréen a, en juin 2009, adressé à son homologue camerounais une invitation à effectuer, du 25 novembre au 2 décembre 2009, une visite officielle à Séoul. Mais pour des contraintes de calendrier, il s'est fait représenter par le ministre de l'Économie ainsi que le ministre des Transports. Ces deux occasions permettent d'exprimer l'ambiance politique qui règne entre les deux pays.

En comparaison avec la Chine, les cadres de rencontres sont plus réguliers, aussi bien au plan institutionnel que non institutionnel. À titre d'illustration, le Chef de l'État du Cameroun a effectué cinq visites officielles en Chine : mars 1987, octobre 1993, septembre 2003, novembre 2006 et 20-21 juillet 2011. En janvier 2007, le Chef de l'État de la République Populaire de Chine a effectué une visite officielle au Cameroun. Entre ces deux pays, il s'est déjà tenu huit sessions de commissions mixtes dont la première remonte également à 1985.

[77] Voir État des relations Cameroun-Corée du sud, novembre 2015, in archives du MINREX.

Chapitre 4 :

La nécessité du passage d'une diplomatie de développement à une réelle diplomatie économique : éléments pour une redynamisation de la coopération entre la Corée et le Cameroun

La majorité des pays sous-développés et africains en particulier utilisent depuis leur indépendance les ressorts de leur diplomatie non pour la conquête des débouchés en vue de gagner des parts de marché, mais pour capter les ressources disponibles dans le cadre de l'Aide Publique au Développement. Dans une telle perspective, on comprend pourquoi ces pays ont rarement une diplomatie offensive. Ils se contentent des situations traditionnelles et sont très hésitants à explorer des arènes vierges surtout s'ils ne perçoivent pas les ressources potentielles à capter. Or, croire qu'un pays peut se développer grâce à l'APD est une simple vue de l'esprit et on comprend pourquoi les pays tels que le Kenya, le Gabon, la Côte d'Ivoire, le Ghana, etc. ont récemment redéfini les axes de leur diplomatie pour l'ancrer pleinement dans une dimension économique.

Dans quels sens et perspective cette redynamisation pourrait-elle être envisagée au Cameroun ? Le Cameroun doit-il camper sur sa position actuelle et continuer d'attendre pour apprécier les actions et les démarches de séduction des autorités coréennes pour les projets qui les intéressent ? Ces interrogations peuvent être multipliées à l'infini. Notre propos ici consiste à suggérer quelques pistes qui pourraient permettre aux deux parties de rehausser leur niveau d'intérêt réciproque et surtout au Cameroun d'user de ses outils diplomatiques pour atteindre ses objectifs économiques. Il s'agit de voir si la Corée du Sud peut constituer une alternative supplémentaire pour l'atteinte des objectifs de développement du Cameroun ; il s'agit aussi d'examiner les actions à mener par le Cameroun pour relever son audience auprès des acteurs de la diplomatie économique sud-coréenne.

1. La Corée, une alternative intéressante pour l'atteinte des objectifs de développement du Cameroun ?

Plusieurs arguments pourraient être avancés pour montrer que la Corée du Sud peut constituer une alternative intéressante et supplémentaire pour le développement des infrastructures camerounaises en particulier et africaines en général. Le premier, c'est que la Corée est une puissance moyenne qui cherche à tirer les avantages des erreurs de ses prédécesseurs pour se positionner sur le continent africain. Ensuite, c'est un pays dont la fiabilité et l'actualité de son expertise en matière d'innovation technologique ne sont plus à démontrer.

1.1. Son statut de puissance moyenne et sa volonté de concurrencer la Chine et le Japon sur le continent

Classée au 5e rang des pays exportateurs en 2015 (Jean Pierre Robin, 2015), directement devant la France et après la Chine, les États-Unis d'Amérique, l'Allemagne et le Japon, la Corée du Sud se place aujourd'hui au 11e rang des économies les plus performantes du monde[78]. Elle devient progressivement, et ce depuis son entrée dans le Comité d'Aide au Développement de l'OCDE, « un acteur structurateur de la recomposition de l'échiquier international » comme l'avait souligné Bertrand ATEBA (2009) au sujet de la Chine. Ses engagements bilatéraux et multilatéraux ne cessent de s'élargir. Ses efforts non encore suffisants de contribution pour le maintien de la Paix et la Sécurité internationale pour l'octroi de l'Aide Publique au Développement la classent incontestablement au rang des pays les plus influents du monde.

On le voit, dans l'espace géostratégique de l'Asie comme de l'Afrique, elle fait partie des dernières arrivées qui cherchent à se positionner au grand dam de ses prédécesseurs que sont la Chine, le Japon et l'Inde. Mais sa différence est d'avoir un comportement ou une stratégie considérés comme pro-occidental, parce qu'elle est fortement attachée aux valeurs telles que la démocratie, les droits de l'homme, la gouvernance, l'environnement des affaires, les recommandations des Institutions Financières Internationales, valeurs non universellement partagées et qui constituent les principaux facteurs de la distance de plus

[78] Données du FMI 2016, consultées sur :
http://www.journaldunet.com/economie/magazine/1171985-classement-pib/

en plus visible entre les pays occidentaux et bon nombre de pays africains. Une certaine élite africaine estime que toutes ces prescriptions occidentales n'ont en réalité aucun autre but que celui de les retarder et perpétuer la dépendance des Africains vis-à-vis des autres parties du monde, surtout le monde occidental (Heejung Yeo, 2008, 49). C'est ce qui pourrait expliquer le grand succès auprès des capitales africaines de l'approche de non-ingérence dans les affaires internes des pays, adoptée par la Chine dans le cadre de sa politique étrangère. Les principes de coexistence pacifique dégagés depuis la Conférence de Bandung en 1955 et qui guident la politique étrangère de la Chine sont partagés par les Africains et leur suggèrent de regarder la Chine ou l'Inde, plus comme de vrais partenaires qui ont à cœur leur développement mutuel avec leurs partenaires africains. Seulement, malgré ce bon positionnement de la Chine sur le continent africain, bon nombre de ses actions ici ne sont pas toujours au service des intérêts des Africains, et la plupart de ses concurrents ne laissent jamais passer l'occasion de les mettre en lumière pour conclure qu'au fond, la Chine ne se comporte pas vraiment en Afrique différemment que l'occident. Pour sa contribution à un ouvrage collectif, Dot Keet (2008,80) a tenté de faire un petit inventaire des critiques de la société civile africaine vis-à-vis du comportement de la Chine. Ces critiques touchent les secteurs relatifs au commerce chinois, à la protection de l'environnement, au traitement de la main-d'œuvre locale, etc. Tedie Joachim (2014, 150 et s) insiste sur le « jeu de dupes » qui découle de la signature de certains accords, la volonté difficilement prouvable de transférer les technologies. Ainsi, relativement aux discours légitimateurs prônés par la Chine ou par l'Europe, « *les acteurs chinois comme européens sont globalement mus par des intérêts économiques semblables (accès aux ressources naturelles africaines, aux marchés, etc.) et une même logique géopolitique (conserver ou augmenter leur influence dans la région)* » (Delcourt L., 2008, 3).

Ces quelques aspects d'ombre de la relation entre la Chine et l'Afrique constituent justement l'opportunité pour la Corée du Sud de s'introduire de manière déterminante et durable entre les deux pour devenir l'alternative. Elle dispose, selon une certaine pensée, des atouts qu'elle peut exploiter.

D'abord, elle doit promouvoir un nouveau discours, celui de la coopération « gagnant-gagnant » si chère aux autorités chinoises, dans lequel elle s'engage résolument à contribuer au développement socio-économique de l'Afrique à travers le partage de son expérience personnelle de développement, étant donné qu'elle a aussi été colonisée comme l'Afrique (Vincent Darracq & Daragh Neville, 2014, 19). Tae-Hyung Kim estime à cet égard que l'histoire et les affinités émotionnelles des puissances moyennes comme la Corée du Sud constituent un avantage dont ne disposent pas les grandes puissances vis-à-vis des nations africaines. Bien plus, sa philosophie de « *développement d'abord et démocratie ensuite* » pourrait durablement séduire les régimes non démocratiques en Afrique[79]. En plus de ces atouts liés à son statut de puissance moyenne, la Corée du Sud a une expérience de développement et une expertise inédite qui méritent d'être exploitées.

1.2. La fiabilité et l'actualité de son expertise en matière d'innovation technologique

L'État de Corée du Sud fait partie des nouveaux pays riches et développés. Ses performances permettent en effet de le placer au premier rang du palmarès des économies à industrialisation rapide. Un taux de croissance de 10 % par an pendant au moins trois décennies (Shun-Woo Nam, 1995, 379), un revenu par tête qui est passé de 146 dollars en 1950 (Chalmers Johnson, 63) à 26 763 dollars en 2014. C'est un pays qui consacre une part importante de son PIB (environ 5 % en 2014) pour le financement de la Recherche & Développement. Une recherche menée à la fois dans les universités et les instituts de recherche publics et privés ainsi que dans les entreprises. En 2014, la Corée du Sud a consacré plus de 140 millions de dollars à la R & D et se situe au premier rang des pays de l'OCDE, bien loin devant

[79] La Corée du Sud a initié son décollage économique dès l'arrivée au pouvoir en 1961 d'un régime militaire dictatorial qui avait centralisé tous les pouvoirs. Cette radicalisation du pouvoir a fait peser sur le pays le risque permanent de cessation de l'aide publique de la part des États-Unis. C'est pourquoi la stratégie initiale de développement visait en priorité l'indépendance du pays vis-à-vis de l'aide. C'est après la crise qui a secoué le pays et la péninsule tout entière en 1997 que la Corée s'est réellement ouverte aux logiques libérales et démocratiques. Voir à ce sujet Chalmers Johnson, « Political Institutions and Economic Performance: The Gouvernment Business Relationship in Japan, South Korea and Taïwan» in Fredric Deyo, ed. The Political Economy of the New Asian Industrialism, 1987, pp. 136-164.

l'Allemagne qui arrive en 2e position avec un peu moins de 110 millions de dollars la même période[80].

Selon une étude réalisée en 2013, le pays dispose de compétences spécifiques, notamment en matière de nouvelles technologies, qu'il entend mettre au profit du continent. À l'instar de LG Electronics, Samsung souhaite développer des produits adaptés au marché local. Le groupe a ainsi conçu au Kenya le PC portable Netbook NC215S, qui fonctionne à l'énergie solaire. Par ailleurs, elles se sont engagées à consacrer 590 millions de dollars au continent dans la construction d'infrastructures, le développement des ressources naturelles, l'agriculture et la croissance verte, secteurs dans lesquels la Corée du Sud jouit d'une expertise certaine (Mathieu Pellerin, 2013).

L'expertise de la Corée du Sud dans le domaine de l'innovation ne fait l'objet d'aucun doute, les données disponibles à ce sujet sont les plus convaincantes. Ce qui fait de son expertise un atout c'est son actualité et sa sophistication. Si la technologie des puissances traditionnelles est souvent réputée obsolète parce qu'ancienne, celle de la Chine ou de l'Inde est réputée embryonnaire dans la mesure où leurs détenteurs n'ont pas toujours leur maîtrise, celle de la Corée est réputée sophistiquée et de bonne qualité, car, cette dernière a brûlé les étapes de l'évolution technologique pour s'engager sans transition dans les plus récentes qu'elle semble aujourd'hui maîtriser plus que ses devanciers.

La question de savoir si la Corée du Sud peut être une alternative pour l'atteinte des objectifs de développement des infrastructures du Cameroun ne se limite pas à l'expertise de celle-là dans le domaine de l'innovation. Elle va au-delà pour nécessairement intégrer l'intention réelle de la Corée envers l'Afrique en général et le Cameroun en particulier. L'expression « partenariat gagnant-gagnant » chère aux puissances offensives est devenue un slogan aux contours difformes. La Corée voudrait-elle gagner le cœur des Africains par la rhétorique selon laquelle elle partage une histoire politique ou économique similaire avec l'Afrique ? Conçoit-elle le Cameroun comme un pays à mettre au service de ses grandes firmes multinationales qui se chargent de gagner les marchés pour les projets financés par ses fonds souverains ? La bonne stratégie réside-t-elle sur l'émotivisme des Africains comme

---

[80] OCDE, Main Science and Technology Indicators, January 2016, consulté sur http://www.oecd.org/sti/msti.htm le 4 mai 2016.

l'ont conseillé certains experts coréens ? Si telle est la conception coréenne d'un partenariat gagnant-gagnant, la Corée aura de la peine à durablement s'imposer devant les puissances comme la Chine ou le Japon et encore moins l'Europe au Cameroun comme en Afrique. La trajectoire de développement qu'elle propose aux Africains semble différente de ce qu'elle a emprunté pour son propre développement. Au lieu de lui donner tous les jours du poisson, la Communauté internationale à travers le PNUD, les États-Unis, le Japon et bien d'autres entités, lui a appris à pêcher en lui accordant des dons et des prêts concessionnels, mais surtout en lui transférant réellement de la technologie qui lui a permis de devenir un pays indépendant et autonome (Chalmers Johnson, 1982, 80 ; Larry E Westphal, 42).

Par conséquent, aider l'Afrique ou le Cameroun, c'est leur proposer leur propre trajectoire en amenant les entrepreneurs camerounais à construire par eux-mêmes la seconde centrale électrique si la première a été réalisée avec le concours d'une firme coréenne. Que les firmes camerounaises puissent construire le troisième stade, explorer le troisième gisement de pétrole ou de bauxite, construire le troisième hôpital de référence, etc., si les précédents ont été réalisés par les firmes coréennes. Si la Corée est prête à agir de la sorte avec les Africains alors, elle constitue une alternative pour le développement des infrastructures et de l'économie camerounaises en général.

Bien qu'utopique, compte tenu de ses élans actuels, à supposer que la Corée soit prête à jouer le jeu, le Cameroun de son côté devrait nécessairement se réajuster afin de saisir réciproquement les opportunités de la Corée.

2. L'impérieuse nécessité d'un réajustement de l'appareil diplomatique du Cameroun

Examinons d'abord la pertinence que pourrait revêtir l'implantation d'une mission diplomatique ou d'une agence de promotion des exportations à l'étranger ainsi que la manière dont elles pourraient être structurées pour remplir efficacement leurs objectifs.

2.1. La pertinence de l'implantation des représentations du Cameroun à l'étranger

Il existe entre le Cameroun et la Corée du Sud plusieurs accords à caractère économique et commercial. À cet égard, on peut faire référence à l'accord de coopération économique et commercial signé entre les deux pays le 10 décembre 1977 à Yaoundé, l'accord commercial sur la coopération technique dans le domaine du développement rural signé en mai 1979, l'accord culturel signé le 13 août 1985, l'accord portant promotion et protection des investissements signé le 15 août 2013 et ratifié par le Cameroun par décret n° 2014/220 du 17 juillet 2014, un projet d'accord sur le développement des petites et moyennes entreprises soumis par la partie camerounaise depuis 2011[81].

Le passage en revue de ces quelques accords est révélateur des intérêts réciproques que les deux parties peuvent avoir pour leur développement respectif. Comme nous l'avons déjà envisagé ci-dessus[82], la Corée du Sud a mis en place tout un dispositif efficace destiné à atteindre ses objectifs. En revanche, le Cameroun ne semble pas avoir pris la mesure des enjeux, car, le schéma tactique ou opérationnel du déploiement de chacune des parties montre que le Cameroun ne se déploie pas, mais se défend de l'offensive de la partie coréenne. Pour faire face à cette offensive, quelques institutions spécifiques du Cameroun sont dédiées à la Coopération avec les partenaires bilatéraux. Il s'agit du Ministère des Relations extérieures dont l'organigramme confère entre autres à la Direction des affaires d'Asie et des relations avec l'Organisation de la Coopération islamique, la mission de coordination de la coopération bilatérale entre le Cameroun et l'ensemble des pays d'Asie, du Pacifique et de l'Océanie[83]. À côté, le ministère de l'Économie, de la Planification et de l'Aménagement du Territoire est entre autres chargé, en ce qui concerne le volet économique, du suivi des affaires de quelques banques internationales (BM, BAD, BID) de quelques organisations internationales (notamment africaines) à caractère économique, de la prospection, de la négociation, de la finalisation et du suivi de l'exécution des accords et conventions de prêts, etc[84]. Il dispose par conséquent d'une direction générale de la coopération. Le Ministère du Commerce est un autre maillon essentiel du dispositif diplomatico-

[81] Voir le dossier technique du Cameroun de la 3e session des consultations intergouvernementales entre les deux pays, tenue à Séoul en novembre 2015, p.38.
[82] Voir l'appui des acteurs institutionnels et infra étatiques, p.57.
[83] Voir l'article 63 du décret n° 2013/112 du 22 avril 2013 portant organisation du ministère des Relations extérieures.
[84] Voir l'article 1 du décret n° 2008/220 du 4 juillet 2008 portant organisation du ministère de l'Économie, de la Planification et de l'Aménagement du Territoire.

stratégique du Cameroun. Comme les autres administrations, il est entre autres, chargé de la recherche des nouveaux marchés pour les produits camerounais, de la promotion et de la défense d'un label de qualité pour les produits destinés au marché local et à l'exportation, de la négociation et du suivi de la mise en œuvre des accords commerciaux en liaison avec le Ministère des Relations extérieures, de la promotion de la compétitivité des produits camerounais sur les marchés étrangers[85]. Au-delà de ces trois administrations, la quasi-totalité des autres ministères dispose d'un pouvoir résiduel de coopération directe avec les partenaires étrangers.

Des agences de relais et d'appui à l'action de ces ministères existent. Il s'agit notamment de la Chambre de Commerce, d'Industrie, des Mines et de l'Artisanat (CCIMA), de l'Agence de Promotion des Investissements (API), de l'Agence des Normes et de la qualité (ANOR), de l'Agence de Promotion des Petites et Moyennes Entreprises (APME), de la Banque des PME. Chacune de ces administrations a le pouvoir de négociation et de signature des accords bilatéraux en liaison avec le Ministère des Relations extérieures.

Les responsabilités internationales dédiées à toutes ces administrations se mêlent et s'entremêlent au point de « dé-substantialiser » chacune de ces compétences. Toutes ces administrations et structures ne semblent pas jouer leurs rôles respectifs dans une symphonie qui leur permettrait de tirer le meilleur dividende dans les relations de partenariat du Cameroun. En dehors de l'API, qui a des missions bien définies dédiées à la promotion des investissements, mais ne dispose pas d'outils appropriés pour atteindre les objectifs qui lui sont ainsi assignés, les autres structures étatiques ne poursuivent pas une stratégie visible destinée au renforcement d'une éventuelle stratégie de conquête des débouchés à l'international.

Pour réaliser avec plus d'efficacité l'ensemble de leurs missions notamment dans leur aspect coopération avec leurs homologues étrangers, ces administrations doivent nécessairement s'appuyer sur le ministère des Relations extérieures à travers ses services extérieurs que sont les Missions diplomatiques et consulaires. Et c'est justement à ce niveau que le problème se pose dans la coopération entre le Cameroun et la Corée du Sud en particulier et les pays amis en général. Deux

---

[85] Article 1er alinéa 2 du décret n° 2012/513 du 13 novembre 2012.

problèmes fondamentaux se posent : l'absence de mission diplomatique et consulaire du Cameroun en Corée et l'obsolescence de l'organisation des services extérieurs permanents du Cameroun.

Sur le premier plan, nous avons relevé plus haut que le Cameroun était un pays privilégié dans la stratégie de déploiement institutionnel de la Corée du Sud en Afrique, car, disposant sur son territoire de la quasi-totalité des représentations coréennes à l'étranger. En revanche, le Cameroun ne dispose d'aucune représentation en Corée du Sud si ce n'est la présence d'un consul honoraire. La raison d'une telle absence est connue : le Cameroun n'aurait pas les moyens de disposer d'une mission diplomatique et consulaire en Corée du Sud[86]. Que la raison soit fondée ou non, elle appelle néanmoins une réflexion sur le coût et les opportunités des missions diplomatiques pour les pays en développement. En effet, dans beaucoup de ces pays, les missions diplomatiques et consulaires sont considérées, même parmi les parlements nationaux, comme étant de véritables gouffres à sous et des structures budgétivores, car ils considèrent que l'entretien et le traitement des fonctionnaires dans les ambassades coûtent extrêmement cher à l'État. Par conséquent, une mission diplomatique est une charge, une dépense ou un investissement non productif pour ces derniers. Les diplomates auraient tous les avantages alors qu'ils ne produisent rien, du moins pas grand-chose en comparaison aux dépenses liées à leur fonctionnement.

Une telle perception de la mission diplomatique pouvait difficilement prospérer à l'ère de la diplomatie classique et encore moins aujourd'hui où le monde est entièrement plongé dans l'ère de la diplomatie économique. Si les missions classiques de représentation, de négociation, ou d'information d'une mission diplomatique sont difficilement mesurables ou quantifiables en termes de coûts et bénéfices/intérêts (Raphaël Papino & Marco Verardo, 2015, 11)[87], avec

---

[86] Lors d'un entretien entre l'Ambassadeur de Corée du Sud au Cameroun et le Secrétaire général du ministère des Relations extérieures auquel nous avons pris part, c'est la réponse donnée par le Secrétaire général à son hôte.

[87] Il est difficile de calculer le rapport coût/bénéfice de l'évitement d'une situation inextricable grâce à la négociation ou à l'information donnée par ces services d'une mission diplomatique. Peut-on imaginer le coût de la crise des missiles de Cuba de 1962 pour les services diplomatiques des États-Unis ou de l'Union des Républiques Soviétiques Socialistes ? voir à ce sujet : Graham T Allison (1971), Essence of decision. Explaining the Cuba Missiles crisis, Boston, Little Brown and Company,

l'atténuation de ces missions principalement en raison du développement sans précédent des Technologies de l'Information et de la Communication, la diplomatie contemporaine plus « soft power que hard power » (Dario Batistella, 2015, 476 et 477), produit de plus en plus des avantages/bénéfices quantifiables et mesurables bien au-delà des coûts. De ce point de vue, une étude économétrique intitulée « The foreign service and foreign trade : Embassies as export promotion » a révélé que l'ouverture d'une ambassade est de nature à multiplier par six ou par dix le volume des échanges du pays accréditant. (Andrew K Rose, 2005, 3). Cet auteur fait remarquer que la maîtrise des technologies de l'information a obligé les diplomates en poste à orienter leurs activités vers la recherche des débouchés commerciaux pour leur pays. Doit-on en déduire que la réalisation en 2015 d'un excédent commercial de 90 milliards de dollars par la Corée du Sud [88] aurait été le fruit de ses multiples ambassades éparpillées à travers le monde[89] ? Loin s'en faut ! Il semble bien qu'au-delà des ambassades et des consulats, cette performance soit le résultat conjugué des efforts de toutes les agences coréennes situées à l'étranger (KOTRA ; KOICA, etc.). La KOTRA est par exemple spécialisée dans la recherche des débouchés commerciaux pour les firmes multinationales coréennes dans le monde.

Par ailleurs, une étude récente publiée par la Banque mondiale sur l'impact de la création d'une agence de promotion des exportations (EPA)[90] réalisée sur un échantillon de cent quatre pays développés et sous-développés a révélé contre toute attente qu'en moyenne, ces agences ont statistiquement un fort impact significatif sur les exportations. Selon les auteurs (Daniel Lederman, Marcelo Olarreaga & Lucy Payton, 2006, 1), pour chaque dollar consacré à la promotion, il y a une augmentation de 40 dollars correspondant pour les exportations.

277p ; voir aussi Raphaël Papino & Marco Verardo (2015), « La crise des missiles de Cuba », OC Histoire, Cours de M. Castaneda, 15 p, consulté sur www.*edu.ge.ch/chavanne/cours/de/**Crise**%20Misiles%20/**pdf**/file, le 5 mai 2016.*

[88] Voir Fiche Pays Corée du Sud publié par le Moniteur du Commerce international (MOCI), consulté le 6 mai 2016 sur http://www.lemoci.com/fiche-pays/coree-du-sud/

[89] La Corée du Sud dispose de plus de 200 missions diplomatiques sans compter les consulats dans le monde dont 40 en Asie-Pacifique, 37 en Amérique du Nord et du Sud, 59 en Europe et 66 en Afrique et au Moyen-Orient. Voir le site : http://www.mofa.go.kr/ENG.

[90] Export Promotion Agency.

Ces études permettent d'invalider la thèse selon laquelle les missions diplomatiques et consulaires ainsi que les agences de promotion des exportations seraient une charge trop lourde à supporter par le trésor public. Au contraire, les pays sérieux l'ont compris depuis bien longtemps et considèrent l'implantation de ces institutions à l'étranger non comme une charge, mais comme un investissement très productif. Les autorités camerounaises devraient par conséquent, en ce qui concerne leur coopération bilatérale avec la Corée du Sud et tous ces pays qui disposent de grandes opportunités pour son développement, implanter au moins pour un premier temps une Ambassade dont l'un des rôles fondamentaux serait de travailler pour développer les exportations du Cameroun. Mais encore faut-il que ces Missions diplomatiques soient restructurées pour faire face aux nouvelles exigences de la diplomatie économique.

2.2. La restructuration opportune des services extérieurs du Cameroun

Les services extérieurs permanents du ministère des Relations extérieures du Cameroun sont aujourd'hui régis par le décret n° 87/1190 du 7 septembre 1987. D'après ce texte, comme le prévoit généralement la majorité des institutions similaires placées sous l'autorité d'un chef de mission diplomatique représentant personnel du Chef de l'État et de chaque membre du gouvernement, l'Ambassade est constituée par la chancellerie qui comprend l'ensemble des personnels diplomatiques, administratifs et techniques. Ces personnels sont selon le cas : les Conseillers et les Chefs de mission consulaires, les Secrétaires, les Attachés et les agents administratifs. Au terme de l'article 4 alinéa 1 : les activités d'une mission diplomatique portent notamment sur la politique, l'économie, les finances, la défense, les affaires sociales, l'information, la culture, les questions administratives et consulaires. Le même texte ajoute que les attributions des membres de la mission sont fixées par une note de service du Chef de mission faisant l'objet de l'approbation préalable du ministre des Affaires étrangères.

Il s'agit là d'un premier écueil de la diplomatie camerounaise. Malgré la clarté des dispositions de ce texte, dans la pratique, il semble que les Chefs de Mission s'hasardent rarement sinon jamais, sur ce terrain glissant que constitue la possibilité que lui confère la loi de fixer les attributions des membres de la mission. L'image sacrée de la diplomatie comme domaine réservé et exclusivité de son Chef est très présente chez les Chefs de Missions diplomatiques. Résultat, ceux-ci animent leur chancellerie sur une base informelle, attribuant des responsabilités de manière subjective et sans attente particulière de leurs collaborateurs.

Les exigences de la diplomatie économique obligent de nos jours les États qui en font un outil essentiel de la quête de leur richesse à adapter leurs services extérieurs. Ainsi est-il de plus en plus fréquent de voir au sein de la mission diplomatique plusieurs autres missions spécialisées toutes placées sous la tutelle du Chef de Mission. Dans cet ordre d'idées, l'Ambassade des États-Unis au Cameroun est par exemple structurée en au moins sept sections et agences[91]. L'Allemagne dispose quant à elle de cinq services environ[92]. Le Cameroun pour sa part dispose quasiment des mêmes services que la France dans ses Ambassades, mais les appellations diffèrent d'une Ambassade à une autre. En ce qui concerne sa mission diplomatique en Belgique par exemple, celle-ci est structurée autour de six services que sont : le service diplomatique, le service commercial[93], le service financier, le service culturel, le centre de communication, le service consulaire et le Bureau militaire[94].

Mais le problème qui pourrait expliquer les contre-performances de ces missions diplomatiques c'est celui du personnel diplomatique, mais aussi de la vision et de la projection que l'État se fait de lui-même.

Comme le relevait Cottin Gelin KOUMA (2010), « *on retrouve un effectif de deux personnels au service consulaire pour gérer plus de douze mille Camerounais. Ce qui paraît tout à fait impossible* ». La situation n'est pas moins préoccupante en ce qui concerne les autres postes diplomatiques. À l'Ambassade du Cameroun au Japon, il y a quatre diplomates. « Le premier Conseiller s'occupe de la coordination et des affaires politiques ; le 2e conseiller des affaires économiques et

---

[91] Il s'agit de : la section des relations publiques et des affaires culturelles, section politique et économique, section consulaire, section commerciale, Bureau de l'attaché militaire, détachement des marines, Corps de la Paix, le Centre pour le contrôle et la prévention des maladies,

[92] Il s'agit du service des affaires consulaires, économiques, politiques, culturelles et de la presse.

[93] Le service commercial des missions diplomatiques a été créé par décret n° 2000/822 du 7 février 2000.

[94] Le bureau militaire est régi par le décret n° 2012/149 du 21 mars 2012 portant création et organisation des missions militaires et bureaux militaires dans les postes diplomatiques de la République du Cameroun à l'étranger.

de la coopération, le Premier secrétaire numéro 1, des affaires consulaires et culturelles et le Premier secrétaire numéro 2, des affaires de coopération académique, décentralisée et avec la société civile, le percepteur/payeur s'occupe des affaires financières[95] ». Comme on peut le voir, le personnel affecté dans ces missions diplomatiques est en quantité très insuffisante[96].

En plus de cette insuffisance grave, l'Ambassadeur du Cameroun au Japon dans son rapport d'activités à la hiérarchie en 2015 attirait l'attention sur le fait que le plus jeune membre de la mission, sur un total de huit personnes environ, est âgé de plus de 50 ans, des personnes nommées pour la plupart depuis plus d'une décennie au même poste. Il y a une espèce de démotivation généralisée pour ces personnels pourtant dévoués qui après plus de la moitié de leur carrière, sont encore premier ou deuxième secrétaire ! Or, le Département croulerait pendant le même temps sur le poids des effectifs bien formés, jeunes et dynamiques qui n'attendent que d'être mis au travail. Avec un effectif aujourd'hui de plus d'un million dont moins de trois cents sont déployés dans les services extérieurs, avec des déploiements qui n'interviennent qu'après souvent une décennie[97], on ne peut s'attendre à une offensive de la diplomatie camerounaise. Cette diplomatie a besoin d'une cure de jouvence, d'une densification de l'implantation de ses services extérieurs vers les pays asiatiques en général et vers la Corée du Sud en particulier et dispose des moyens pour les atteindre. Pour se faire, les décideurs camerounais doivent voir les missions diplomatiques non plus comme des dépenses, mais comme des investissements productifs et bien rentables.

Dans la mesure où le Cameroun fait face à des difficultés économiques susceptibles par conséquent de ralentir ses élans de déploiement, il pourrait privilégier la spécialisation fonctionnelle lors des nominations des responsables dans les services extérieurs. Les services commerciaux, consulaires et de communication, pourraient

[95] Informations recueillies d'un Diplomate en service à l'Ambassade du Japon le 13 mai 2016.

[96] Il faut néanmoins se féliciter de la redynamisation du corps de la diplomatie intervenue à la faveur des décrets et arrêtés présidentiels du 7 novembre 2017 portant nomination des responsables dans les services centraux et extérieurs du Ministère des Relations extérieures. Pour une analyse de ces textes, voir l'encadré.

[97] À titre d'illustration, le dernier déploiement du personnel diplomatique au Cameroun date d'avril 2006.

être densifiés et orientés vers une perspective de promotion et de facilitation des produits camerounais dans le pays d'accueil. Le Chef de ce service devrait avoir un cahier de charge sur les objectifs et les résultats à atteindre dont leur réalisation serait la condition de leur promotion à des responsabilités plus importantes. La diplomatie économique s'accommode difficilement avec la sédentarisation des effectifs, mais s'épanouit assurément avec la rotation régulière de ces effectifs. Avec le début d'application en août 2016 des accords de partenariats économiques signés avec l'Union européenne, le Cameroun n'a pas d'autre choix que de procéder à une adaptation profonde de son outil diplomatique qui doit être mis au service du rétablissement de sa balance commerciale avec ses partenaires bilatéraux. Avec cette adaptation, le schéma de son déploiement tant dans sa coopération avec la Corée du Sud qu'avec les autres partenaires se présentera idéalement selon la matrice ci-dessous. Comme cette matrice l'indique, le passage d'un État défensif à un État pivot offensif à travers une bonne coordination entre agences, un déploiement intelligent de ces dernières sur le terrain est susceptible de lui conférer et de manière réciproque avec la Corée du Sud, des gains relatifs. C'est-à-dire des gains à la hauteur de son investissement.

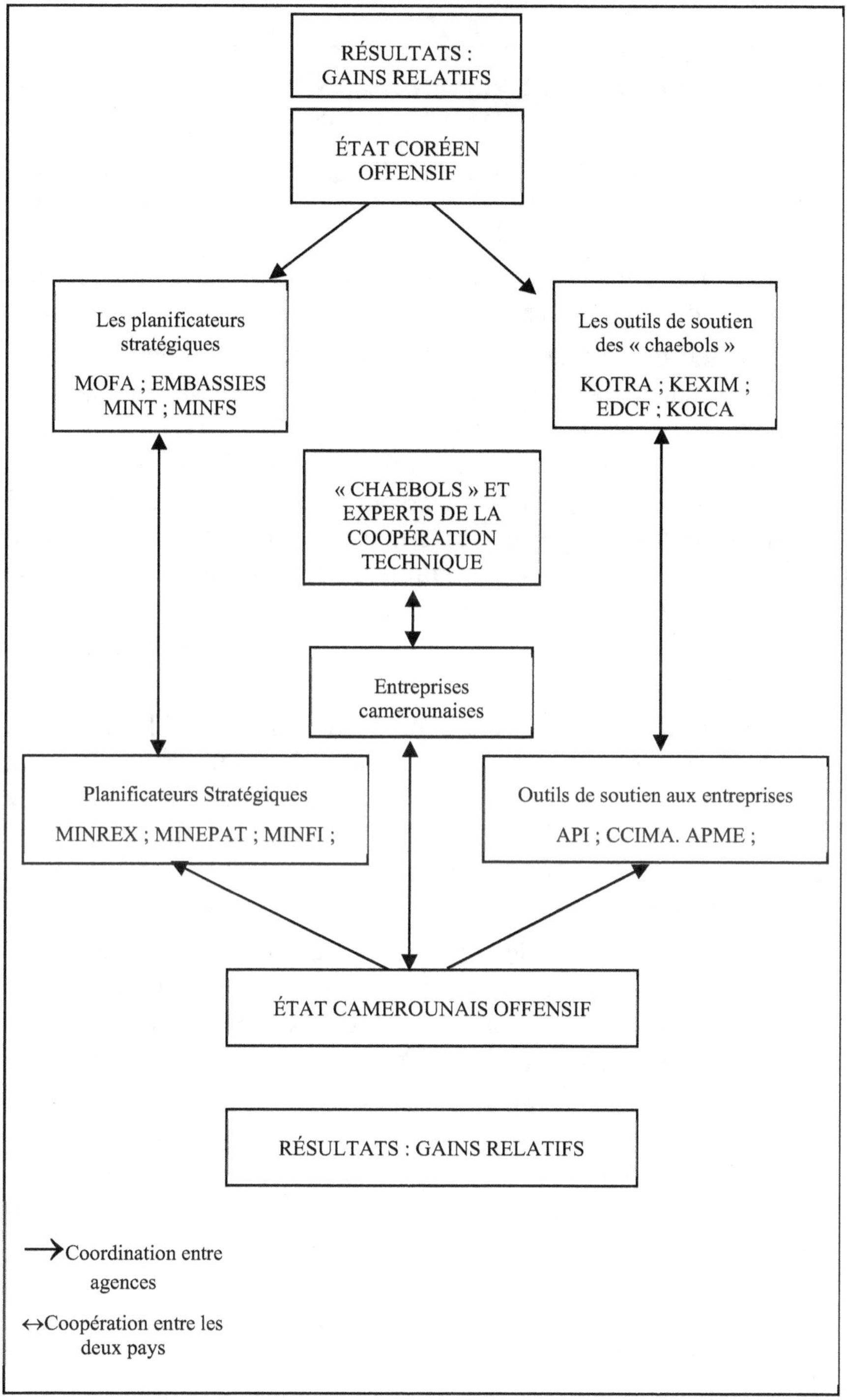

Matrice idéale de coopération entre la Corée du Sud et le Cameroun

ENCADRÉ

LES PRÉMICES D'UNE RENAISSANCE DE LA DIPLOMATIE CAMEROUNAISE

Il faut se féliciter de la redynamisation du corps de la diplomatie intervenue à la faveur de la vague des décrets et arrêtés présidentiels du 7 novembre 2017 portant nomination des responsables dans les services centraux et extérieurs du Ministère des Relations extérieures.

En effet, grâce à ces textes, on a assisté à un redéploiement de 112 diplomates dans les services extérieurs du Cameroun. Plus important encore, le décret n° 2013/112 du 22 avril 2013 portant organisation du Ministère des Relations extérieures a été mis en application. À cet égard, 181 personnes ont été nommées dans les services centraux répartis de la manière suivante : 105 nouveaux postes de Chefs services et assimilés, 52 nouveaux postes de Sous-directeurs et assimilés, 14 nouveaux postes de Directeurs et assimilés, 4 Conseillers techniques, 3 Inspecteurs généraux et 3 Inspecteurs.

Dans les services extérieurs du Département, les 112 diplomates nommés se répartissent de la manière suivante : au total 81 personnes dans les Ambassades et Hauts Commissariats, 9 personnes dans les délégations permanentes du Cameroun auprès des Nations Unies à New York et à Genève, 22 personnes dans les Consulats (pour les détails, voir la matrice ci-dessous).

Au même moment, des dizaines de diplomates en poste atteints par l'âge limite de la retraite ont été appelés à faire valoir leurs droits à la retraite, y compris pour certains dont les noms n'ont pas été mentionnés dans les textes signés par le Chef de l'État.

Les diplomates nommés à partir de la fonction de Deuxième Conseiller jusqu'au rang de troisième Vice-consul ont le grade de Secrétaire des Affaires étrangères ayant entre 0 et 11 ans de service. De ce point de vue, le taux de juvénilisation de l'appareil diplomatique du Cameroun se situerait à plus de 70 % avec un âge médian oscillant entre 35 et 38 ans. Avec des ressources d'une telle vigueur et surtout d'un tel niveau d'expérience professionnelle, de belles perspectives sont envisageables pour la diplomatie camerounaise, étant donné que l'on pourrait aboutir à la même conclusion en ce qui concerne le redéploiement dans les services

Ces perspectives peuvent aussi être déduites des différentes initiatives prises au sein du ministère des Relations extérieures après ces nominations en faveur des personnes nouvellement nommées surtout dans les services extérieurs. En effet, sur instruction de S.E M le ministre des Relations extérieures, deux sessions de formation ont déjà été organisées en faveur de ce personnel enthousiaste. La philosophie générale qui se cache derrière cette formation c'est de mettre à la disposition des bénéficiaires des outils adaptés pour la réalisation des objectifs qui pourraient être assignés aux Missions diplomatiques et consulaires.

La diplomatie économique est au cœur de cette préoccupation comme l'atteste d'ailleurs la feuille de route 2017 du ministère. Ces nouvelles équipes ont été sensibilisées par les experts de l'Institut Supérieur de Management Public (ISMP), les experts du budget-programme du Ministère des Finances et du Ministère de l'Économie, les experts chevronnés de la diplomatie camerounaise sur les nouveaux enjeux de la diplomatie camerounaise.

De l'avis de nombreux observateurs, les nominations dans les services centraux et extérieurs du Ministère n'ont jamais été aussi retentissantes dans l'histoire de la diplomatie camerounaise. Avec au total 293 personnes nommées, d'aucuns qualifient ces actes du Chef de l'État de « Tsunami » dont les vagues ont presque emporté tout le monde à leur passage.

Le moins que l'on puisse dire, c'est que la diplomatie camerounaise est entrée dans une nouvelle ère avec ces nominations. Les diplomates doivent désormais avancer en rang resserré, dans le respect de la hiérarchie et de la déontologie de la fonction publique. L'heure est au travail serein, studieux et professionnel autant pour ceux qui ont bénéficié de ces textes que pour les cadets qui attendent avec grand enthousiasme et espérance d'être appelés. S.E Paul BIYA, Chef de la Diplomatie Camerounaise a donné comme à son habitude, le ton et l'impulsion qu'il faut. La balle est désormais dans le camp des diplomates, que chacun d'entre eux sache s'en servir pour que la diplomatie camerounaise puisse induire des résultats positifs pour le bien-être de tous les Camerounais.

MATRICE DE LA RÉPARTITION DES POSTES DANS LES MDC				
QUALITÉ	AMBACAM/ HAUCOCAM	DELECAM	CONSULCAM	TOTAL
Ministre Conseiller	13	2		
Consuls généraux			3	
Consul			6	
Premiers Conseillers	25	3		
Premiers Vice-Consuls			9	
Deuxièmes Conseillers	19	3		
Premiers Secrétaires	21	1		
Deuxièmes Secrétaires			4	
Deuxièmes Vice-Consuls	2			
Troisièmes Vice-Consuls	1			
TOTAL	81	9	22	112

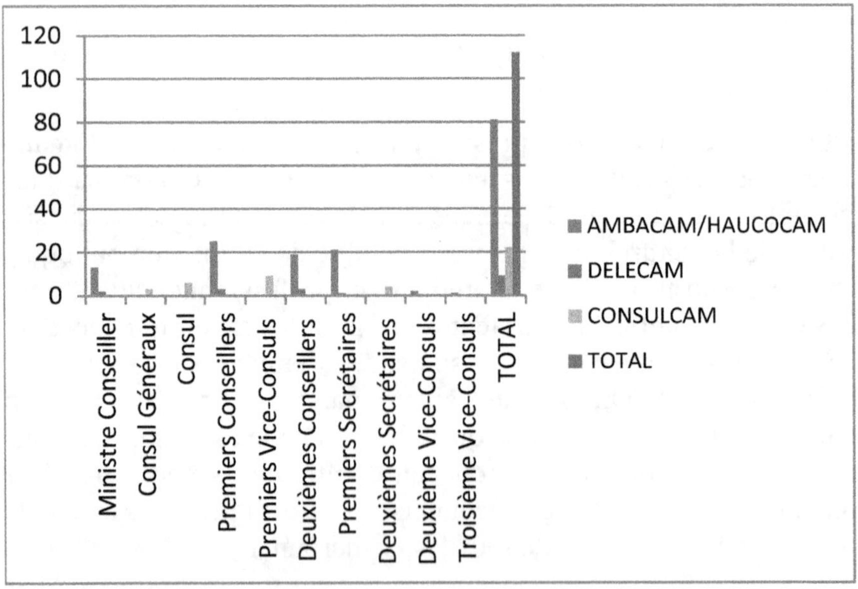

Construit par l'auteur sur la base du décret n° 2017/544 portant nomination dans les services extérieurs

CONCLUSION GÉNÉRALE

La diplomatie économique est une option obligatoire pour les pays qui ont fait le choix de s'ouvrir au vent du libéralisme économique. Elle a ses exigences. La Corée du Sud comme on l'a vu, a fait le choix d'une telle stratégie et déploie les ressources et les moyens nécessaires pour atteindre les objectifs et les résultats qu'elle se fixe. Malgré son grand déploiement sur le continent africain et au Cameroun en particulier, elle a encore une position marginale au Cameroun dans le domaine des infrastructures. Ses concours financiers cumulés en termes de dons et de prêts accordés à l'État du Cameroun positionnent ce dernier au 7e rang des bénéficiaires des financements de la Corée du Sud pour le développement des infrastructures socio-économiques africaines entre 2012 et 2014. Il est précédé par des pays qui disposent sinon les mêmes potentialités, du moins des atouts économiques inférieurs au Cameroun. Ils sont issus de l'Afrique de l'Est et de l'Ouest. Fait majeur et important à relever, la plupart de ces pays ont récemment réorienté leur diplomatie. Elle est passée d'une diplomatie de développement et de simple captation des ressources à une diplomatie économique de conquête des marchés de niches.

Nous l'avons montré, les exigences liées à la bonne gouvernance, au climat des affaires, à l'inexpérience des entreprises coréennes sur le terrain peuvent expliquer ces raisons du point de vue de la Corée. En revanche, du point de vue du Cameroun, la Corée du Sud ne représente pas encore un partenaire stratégique au même titre que la Chine, le Japon, ou l'Inde avec lesquels il partage des affinités bien plus importantes.

Dans ce jeu aux enjeux diffus, la Corée semble plus intéressée parce qu'elle a une stratégie offensive et qu'elle a déployé tous ses outils de diplomatie économique pour conquérir le Cameroun, mais des ondes diverses ralentissent cette offensive. Le Cameroun par contre, a une stratégie défensive ce qui ne permet pas aux deux parties de tirer de leur coopération des gains optimaux.

Le déploiement tactique du Cameroun dans sa relation avec la Corée du Sud n'obéit pas aux exigences contemporaines de la diplomatie économique. Toute diplomatie qui se veut économique doit avoir une stratégie offensive de recherche et de conquête des marchés. Les outils y relatifs créés par le Cameroun ne sont pas déployés pour servir au mieux et de manière optimale ses intérêts. Ce constat permet de vérifier l'hypothèse selon laquelle le Cameroun comme beaucoup de pays en développement aurait du mal à s'adapter aux nouvelles exigences de la diplomatie économique contemporaine.

Les voies pour l'inversement de la situation ont été analysées et la toute première clé se trouve entre les mains de la Corée : se présenter en véritable amie du Cameroun non par des slogans stylisés, mais par des actions singulières et révolutionnaires de la même manière que les autres puissances ont jusqu'ici traité l'Afrique c'est-à-dire : apprendre le Cameroun à pêcher et non lui donner tous les jours du poisson comme le font d'autres partenaires. Lui apprendre à pêcher, c'est lui donner les moyens techniques, technologiques et financiers pour construire par lui-même le second barrage hydroélectrique ou le prochain port en eau profonde, ou la prochaine centrale thermique, ou le prochain hôpital de référence, ou le prochain métro lorsqu'une entreprise coréenne aura réalisé chacun de ces ouvrages. À ce moment, la coopération sera gagnant-gagnant et l'État du Cameroun réorientera indubitablement, ses intérêts vers la Corée du Sud. De cette manière, la Corée du Sud aurait traduit dans les faits ce qui reste encore un idéal proclamé par exemple par la Chine qui voudrait introduire une dimension morale dans la recherche de son intérêt national, c'est-à-dire gagner tout en donnant la possibilité à l'autre d'en profiter aussi (Ye Zichng, 2014, 102).

Dans cet ordre d'idées, dans la mesure où les autorités camerounaises savent désormais que la création et l'entretien des missions diplomatiques, des agences commerciales ou de promotion des exportations constituent des investissements rentables et non des charges stériles pour le trésor public lorsqu'elles sont bien pensées, ils ne trouveront aucun inconvénient à les implanter sur le sol de la Corée et au-delà, afin de maximiser ses retombées. Le faire, c'est aussi et avant tout, adapter leurs outils diplomatico-stratégiques pour servir l'ambition de diplomatie économique qui constitue le principal levier d'action des sociétés inféodées par la mondialisation. Une réforme profonde de sa politique internationale [98] est donc nécessaire, en

[98] Il n'existe pas jusqu'ici un livre de chevet ou un livre blanc qui définit les principes de la politique étrangère du Cameroun. Toutefois, sur la base des usages et discours du Chef de la Diplomatie, ces principes peuvent se classifier en trois catégories : ils sont d'ordre juridique, politique et économique. Dans son premier aspect, ces principes font référence à la paix et la sécurité internationale, l'indépendance et le

commençant par la substantialisation du rôle de l'administration en charge des relations extérieures. Trop de conflits avec l'administration en charge de l'économie et dans une certaine mesure avec celle en charge du commerce. Serait-ce par erreur peut-être si bon nombre de pays qui se déploient au mieux à l'international ont récemment assigné un rôle plus important à leur diplomatie ? La Côte d'Ivoire, le Ghana ; le Kenya, le Gabon, pour ne citer que ceux plus proches de nous, l'ont compris et les résultats parlent d'eux-mêmes.

Substantialiser le ministère des Relations extérieures c'est tout d'abord l'arborer de ses oripeaux traditionnels en faisant de lui un véritable ministère des Affaires étrangères dans lequel le ministre aurait quelques marges de manœuvre que lui conférerait le Chef de la Diplomatie. Ensuite, ce serait lui dédier la responsabilité primordiale de la Coopération et du Commerce international, par la création d'une Direction générale de la Coopération et du Commerce international[99].

Le moment est également venu pour le Cameroun de s'arrimer à cette donne et se donner toutes les chances de s'en sortir dans la froide arène de la concurrence internationale où il s'est volontairement jeté. Faut-il considérer les cinq décrets du Chef de l'État du 7 novembre 2017 déployant le personnel dans les services centraux et extérieurs du Ministère des Relations extérieures et l'application intégrale du décret de 2013 portant organisation de ce ministère comme un début de solution aux problèmes soulevés plus haut ? seul l'avenir pourrait nous le dire./-

---

règlement pacifique des différends. Son second volet intègre le non-alignement (qui est pour S.E. Paul BIYA la liberté de négocier de nouvelles alliances ou de dénoncer les anciennes, contrairement à son prédécesseur S.E. Ahmadou AHIDJO, pour qui le non-alignement signifiait le refus d'appartenir à une idéologie ou à un groupe existant) et le rayonnement international. Le principe d'ordre économique quant à lui est fondé sur le principe gagnant-gagnant traduisant le passage d'une diplomatie de développement à une diplomatie économique.

[99] Une telle orientation ne vise pas à denier les compétences des autres administrations en la matière, mais vise à redéfinir les rôles pour donner au ministère vitrine et guichet unique d'entrée et de sortie de tout flux du Cameroun que devrait être le ministère des Relations extérieures, tous les leviers nécessaires à son déploiement efficace à l'international.

BIBLIOGRAPHIE

OUVRAGES

A/ OUVRAGES GÉNÉRAUX

1. Aroma Moreau, (2008), *Pour refaire l'Afrique par où commencer* ? L'Harmattan, 2008, pp. 123-209.
2. Battistella Dario (2013), *Théories des Relations internationales*, 4e édition, Paris, Sciences Po, Les Presses, 744 p.
3. Beaud Michel, (1996), *L'art de la thèse*, Paris, Éd. La découverte, 208 p.
4. Braillard Philippe, (1977), *Théorie des Systèmes en relations internationales*, Bruxelles, Établissements Émile Bruyant.
5. Bull, H. (1995), *The anarchycal Society : the study of order in World Politics,* London, 2nd Edition, Macmillan.
6. Del Bayle Jean Louis Loubet, (2000), *Initiation aux méthodes des Sciences sociales,* Paris-Montréal, L'Harmattan, 386 p.
7. Dufour Stéphane, Fortin Dominic, Hamel Jacques (1991), *Enquête de terrain en sciences sociales : l'approche monographique et les méthodes qualitatives : bibliographie annotée, Montréal* : Les Éditions Saint-Martin, 183 p.
8. Gilpin Robert (1981), *War and Change in World Politics*, Cambridge University Press, 288 p.
9. Dumont René, (2012), *L'Afrique noire est mal partie,* Édition Seuil, 287 p.
10. Grawitz Madeleine, (2001), *Méthode des Sciences sociales*, Précis Dalloz, 11e édition.
11. Harry Landreth et Colander David C., (2002), *History of Economic Thought.* Boston, Houghton Mifflin.

12. Nicolas Françoise et Krieger Mytelka (1995*), L'innovation, clé du Développement : Trajectoire de pays émergents*, IFRI, édition Masson, 444 p.

13. NYE Joseph (2011), *The Future of Power,* Public Affairs Publishing, 320 p.

14. Omar Aktouf (1987), *Méthodologie des Sciences sociales et approche qualitative des Organisations, une introduction à la démarche classique et une critique,* Montréal, Presse Universitaire du Québec, 213p.

15. ORGANSKI A.F.K., *World Politics*, Alfred A. Knopf Publishers, New York, 1968, 509p.

16. Quivy Raymond – Van Campenhoudt Luc, (2011), *Manuel de recherche en sciences sociales,* Paris Dunod, 4e Édition.

17. Raymond Aron, (1984), *Les Dernières Années du siècle*, Paris, Julliard,.

18. Raynaud Philippe, (2006), *Dictionnaire de philosophie politique*, PUF.

19. Renouvin Pierre et Duroselle Jean-Baptiste, (1965), *Introduction à l'histoire des relations internationales*, Paris, Armand Colin, 512 p.

20. Rist Gilbert (1996), *Le Développement : Histoire d'une croyance occidentale.* Paris, Presses de la Fondation nationale des Sciences politiques, 427 p.

21. Robert B. Ekelund et Robert F. (Hébert1997), *A History of Economic Theory and Method.* New York McGraw-Hill.

22. Robert B. Ekelund et Robert D. Tollison, (1981), *Mercantilism as a Rent-Seeking Society : Economic Regulation* in Historical Perspective, College Station, Texas A&M University Press.

23. Wilson Charles, (1966), *Mercantilism.* Londres, Historical Association.

B/ OUVRAGES SPÉCIFIQUES

1. Anu Kapil (2010), *Infrastructures and economic Development,* publié par Deep and Deep publications PVT.LTD, 261p.
2. Dorothy-Grace Guerrero and Firoze Manji (2008), *China's new role in Africa and the South*, Oxford, Fahamu and Focus on the Global South, 253p.
3. Foster Vivien et Briceno-Garmendia Cecilia, (2010), *Africa's Infrastructure : A time for Transformation*, Agence Française de Développement and the World Bank, 355p.
4. Nicolas Bayne & Stephen Woolcock (2013) *The new Economic Diplomacy: Decision-Making and Negotiation in International Economic Relations,* England, ASHGATE, 426p.
5. TEDIE Joachim (2014), *Coopération Chine-Afrique : Impacte sur les infrastructures du Cameroun,* Paris, édition l'Harmattan, décembre, 230 p.
6. KDI (2011), *From Despair to hope: Economic Policymaking in Korea, 1945-1979.* Korea Development Institute, 656p.

THÈSES

1. Amewoa Agbessi Komla (2008), *L'Aide Publique au Développement aide-t-elle le développement ? Le cas de l'Afrique Sub-saharienne,* Thèse soutenue à la Faculté de Droit et de Sciences Economique, Université de Limoges, 359 p.
2. Diaby Fosé Siré (2014), *Les stratégies des entreprises chinoises en Afrique : quels objectifs, quelle coopération ?* », Thèse de doctorat, en économies et finances Université Nice Sophia Antipolis, 312 p.
3. LEVEAU Arnaud (2012), *Les relations entre la Corée du Sud et les pays d'Asie du Sud-est : quelle stratégie pour une puissance moyenne ?* Thèse soutenue à l'École Normale Supérieure de Lyon le 22 juin, 403 p.
4. NGOHOUO Ibrahim (*2008)*, *Les Investissements Directs Étrangers en Afrique Centrale : activités et effets économiques*. Université sud Toulon-Var, Faculté des Sciences ÉconomiqueS et de Gestion, Thèse pour le Doctorat des Sciences économiques, 26 mars, 300 p.

MÉMOIRES

1. Larquemin Aurelien (2008), *L'Aide Publique au Développement est-elle efficace à l'échelle macro-économique ?,* Université Robert Schuman, Institut d'Études politiques de Strasbourg.
2. Cottin Gelin KOUMA, (2010), *L'encadrement des ressortissants camerounais par l'ambassade du Cameroun à Bruxelles, Rapport de Stage diplomatique,* Université de Yaoundé II.
3. Pilo Salangai Carine (2015), *La Diplomatie Féminine à l'ère de la mondialisation : cas du Cameroun,* Mémoire soutenu au Département des Études de Développement international de l'Université d'Hankuk d'Etudes Étrangères.
4. Omondéré OGOUBIYI Clauvis (2013), *Analyse prospective pour une dynamisation de la coopération au Développement entre le Bénin et la Corée du Sud,* Mémoire soutenu au Département des Études de Développement international de l'Université d'Hankuk d'Études étrangères, 170 p.

ARTICLES DE REVUES

1. Andrew K Rose (2005), « The Foreign Service and Foreign Trade: Embassies as export promotion", *NBER, Working Paper n°11111, JEL n° F13, 29p.*
2. Antonio Estache (2006), « les infrastructures de l'Afrique : problèmes et perspectives d'avenir », *Banque Mondiale et ECARES, Université Libre de Bruxelles, 55p.*
3. Aron Raymond (1967), « Qu'est-ce qu'une théorie des relations internationales ? », *Revue française de science politique, 17e année, n° 5, pp. 837-861.*
4. Ashauer D.A (1989), « Does Public Capital crewel out private capital? », *Journal of Manetary Economics, n°24, pp. 171-188.*
5. Ashauer D.A (1989), "Public investment and productivity growth in the group seven", *Economics Perspectives, n° 13, vol 5, pp.17-25.*
6. Ashauer D.A (1989),"Is Public Expenditure Productive?" *Journal of Manetary Economics, n° 23, pp. 177-200.*
7. Ashauer D.A (1990), « Why is infrastructure important »,*The Federal Reserve Bank of Boston, pp. 22-50.*

8. Ateba Bertand (2009), "Le poids de la Chine comme acteur structurateur de la recomposition de l'échiquier international », *Revue de Droit international de Science diplomatique et politique, Volume n° 87, pp. 161-177.*

9. Awoumou Côme Damien Georges (2005), « Le Golf de Guinée face aux convoitises », *CODESRIA, pp.1-15.*

10. BÉNAZÉRAF David (2014), « Soft power chinois en Afrique Renforcer les intérêts de la Chine au nom de l'amitié sino-africaine », *IFRI Centre Asie, septembre, 36 p.*

11. CHAVAGNEUX CHRISTIAN (1999), « La diplomatie économique : plus seulement une affaire des États », *Pouvoirs n° 88, 33-42.*

12. Chalmers Johnson, « Political Institutions and Economic Performance: The Gouvernment Business Relationship in Japan, South Korea and Taïwan" in Fredric Deyo, ed. *The Political Economy of the New Asian Industrialism, 1987, pp. 136-164.*

13. Christian Volpe Martincus, Jerónimo Carballo and Andrés Gallo. (2011) "The impact of export promotion institutions on trade: is it the intensive or the extensive margin?". *Applied Economics Letters **18**:2, 127-132.*

14. Daniel Lederman, Marcelo Olarreaga & Lucy Payton (2006), Export Promotion Agencies: What works and What doesn't?", *Policy Research Working Paper, World Bank Group, e-Library, 48p.*

15. Darracq Vincent and Daragh Neville (2014), "South Korea's Engagement in Sub-Saharan Africa Fortune, Fuel and Frontier Markets*", the Royal Institute of International Affairs, October, pp. 1-26.*

16. Dario Battistella, (2007), « Les Relations internationales », *Sciences Humaines, N° 183, pp.52-56.*

17. Delcorde Raoul (2009), « l'Évolution du Métier du Diplomate », *Annuaire Français de Relations internationales, Volume 10, pp.1-12.*

18. Dot Keet (2008), « The role and impact of Chinese economic operations in Africa », in China's New role in Africa and South: A search of a new perspective, *Fahamu Books, pp. 78-86.*

19. Françoise Nicolas, Céline Pajon, John Seaman, (2014), " La nouvelle diplomatie économique asiatique : Chine, Japon, Corée comme exportateurs d'infrastructures », *IFRI Centre Asie, en collaboration avec Centre Énergie IFRI, pp.1-67.*

20. Gil Seong Kang (2011), "The Korea- Africa Partnership: Beyond Trade and Investment", *African Development Funds, Vol 2, pp. 1-8.*

21. Groupe de Recherche et d'Information sur la Paix et la Sécurité (2014), « Stratégies d'émergence des États d'Afrique centrale et équatoriale : fondement et caractéristiques », *note n° 12, 28 p, consultée le 10 avril 2016 sur : http://www.grip.org/sites/grip.org/files/NOTES_ANALYSE/2014/Notes%20DAS%20-%20Afrique%20EQ/N12%20DAS_Strat%C3%A9gies.pdf.*

22. HALFF Antoine (2014), « la Corée du Sud face à la nouvelle carte de l'énergie », *in Korea Analysis, N°1, pp. 30-36.*

23. Harboulot Christian (2013), « l'Étude de la guerre économique et des problématiques associées », *Institut Espagnol d'Etudes Stratégiques, Document de Stratégie n° 162, « l'intelligence compétitive dans un monde globalisé », pp.1-35.*

24. Harvie Charle & Hyun-Hoon Lee (2003), « Korea's Economic Miracle : Fading or reviving ?" Palgrave Macmillian, *The Journal of Korean Economy*, vol 4, n°1, pp. 165-183.

25. Ho-young Lee (2012), "Korea's Policies on Africa: Development of Energy and Resources Diplomacy" *Journal of International Politics, Vol. 16, No. 2, published by the Ilmin International Relations Institute, 7p.*

26. Lafargue François, (2011), « Des économies émergentes aux puissances émergentes », *Questions internationales n° 51, pp.100-108.*

27. Larry E Westphal (1990), "Industrial Policy in an Export-Propelled Economy : Lessons from South Korea's Experience », *Journal of Economic Perspectives, Volume 4, pp. 41-59.*

28. LUABEYA Pacifique Hippolyte, « La Diplomatie coréenne en Afrique : entre agressivité chinoise et la force tranquille japonaise », *Institut de Recherche et d'Enseignement sur la Paix, www.thinkingafrica.org contact@thinkingafrica.org.*

29. Kapuku Mudipanu Gaston et Heejung Yeo (2008), « Economic Development of sub-Saharan Africa: Toward a close cooperation with Korea », *International Area Review, Vol 11, N° 1, pp. 34-52.*

30. Kateb Alexandre (2010), « La diplomatie économique des nouvelles puissances', *Research Gate, publication at: https://www.researchgate.net/publication/206730391, 11 p.*

31. Kyu-Deug Hwang (2014), "Korea's soft power as an alternative approach to Africa in Development Cooperation", *African and Asian Studies, Volume 13, n°3, pp. 249-271.*

32. Odell, J.S (2000), "Negotiating the World Economy", *Ithaca, NY, Cornell University Press.*

33. Sang-Hoon Rhee (1993), "la Corée du Sud et l'Afrique", *Institut d'Études Politique de Bordeaux, Centre d'Étude d'Afrique Noire, n° 40, pp.1- 17.*

34. Schiere Richard (2011), « La Chine-Afrique : un partenariat pour le Développement ? », in La Chine-Afrique : un partenariat pour le Développement ? », *Groupe de la Banque Africaine de Développement, Groupe de la Banque Africaine de Développement, pp 20-31.*

35. Shun-Woo Nam (1995), « Le rôle de l'État dans le financement de l'industrialisation et du développement : le cas de la République de Corée », *in l'Innovation, clé du développent : Trajectoires des pays émergents, sous la direction de Françoise Nicolas et Lynn Krieger, édition Masson, pp.379-392.*

36. Soyeun Kim (2013), "Korea in Africa : A Missing Piece of the Puzzle?" *Report, The London School of Economics and Political Science, pp. 51*-66.

37. Tae-Hyung Kim, (2010), « South Korea's Strategic Relationship with sub-Saharan Africa", The Korean Journal of International Studies, pp. 111-135.

38. ZICHENG Ye (2014) *"President Xi Jinping's nine new concepts of Diplomacy" in* The State Council Information Office of the PRC, Interpretation on new philosophy of Chinese diplomacy. Published by *China intercontinental press, pp. 92-108.*

ARTICLES DE PRESSE

1. (Mathieu Pellerin (2013), « Corée du Sud et Afrique : un modèle en matière de développement » *Afrique Méditerranée Business, n° 53, consulté le 4 mai 2016 sur http://www.ambusinessmagazine.com/posts/post/139.*
2. Mbodlam Brice. R (2015), "Comment la Chine construit le Cameroun", *Investir au Cameroun, n° 36, p.8.*
3. (CCIP, 2012) « Développement international des Entreprises : quel apport de la diplomatie économique ? », *Annexe technique, Registre de Transparence de l'Union européenne, n° 936996 14732-82, p6.*
4. Jean Pierre Robin (2015), « La Corée du Sud devance la France dans le classement mondial des exportateurs », *Le Figaro.fr, consulté sur : http://www.lefigaro.fr/conjoncture/2015/03/12/20002-20150312ARTFIG00302-la-coree-du-sud-devance-la-france-dans-le-classement-mondial-des-exportateurs.php.*
5. Raphaël Papino & Marco Verardo (2015), « La crise des missiles de Cuba », *OC Histoire, Cours de M. Castaneda, 15 p, consulté sur www.edu.ge.ch/chavanne/cours/...de.../**Crise**%20Misiles%20...**pdf**/. ../file*, le 5 mai 2016.

RAPPORTS

1. Ministère de l'Économie, de la Planification et de l'Aménagement du Territoire du Cameroun, État de Mise en Œuvre de La Coopération Sud-Coréo-Camerounaise Rapport technique, inédit, 49 p.
2. Group de la BAD, (2012), Environnement de l'investissement privé au Cameroun, décembre, 46p.
3. UNCTAD, (2014) Investing in the SDGs : an action Plan, World Investment Report,
4. OECD, (2012), Mapping Support for Africa's Infrastructure Investment, 62p.
5. EYE's attractiveness survey Africa 2014, 106p.
6. Rapport d'Information rédigé par la Commission des Affaires étrangères du Sénat français, octobre 2013, 501 p.

DOCUMENTS OFFICIELS

1. Déclaration conjointe sur la Coopération économique Corée-Afrique : « l'Afrique sur la relance avec la Corée », Conférence ministérielle de la KOAFEC, Séoul, 2010.
2. Document de Stratégie pour la Croissance et l'Emploi du Cameroun rendu public en 2010.
3. Institut National de la Statistique du Cameroun (2015), « Zoom sur l'économie camerounaise », 8p, consulté le 10 avril 2016 sur http://slmp-550-104.slc.westdc.net/~stat54/downloads/2015/Plaquette_FrancaiseZC Final.pdf4. Rapport-bilan de la Coopération entre la Corée du Sud et le Cameroun (production : ministère des Relations extérieures du Cameroun inédit novembre 2015).
5. Rapport 2016 de l'OCDE sur les flux géographiques d'aide financière aux pays en développement, 308 p, publié sur : http://www.oecd-ilibrary.org/development/geographical-distribution-of-financial-flows-to-developing-countries_20743149.
6. Rapport 2015 des activités du Fonds coréen de Coopération économique pour le développement, 2016, 44 p, publié sur www.afdb.org/fileadmin/uploads/afdb/.../**Annual_Report**_2014_-Full.**pdf.**
7. Rapport annuel de la KOICA 2013, 2015, 164 p, publié sur : http://www.koica.go.kr/upload/pr/annual/2013_Annual_Report.pdf.

ANNEXES

Annexe 1 : Les questionnaires administrés

QUESTIONNAIRE FOR KOREAN OFFICIALS

Research Topic: "the new Korean's Economic Diplomacy in Africa: case of Cameroonian's infrastructural development"

This survey aims at investigating on the threats and challenges of the cooperation between Korea and francophone Africa in general and Cameroon in particular. Results of the survey will be used in the frame of a Master Degree Programme in International Development and not for any other purpose.

1) **Your gender:** □Male □ Female
2) **Your age category:** □ 25 to 35 □ 36 to 50 □51 to 60 □ 61 and above
3) **Main Occupation** □ Government Official □ Private business □ Teacher
4) **Position/Rank** □ Clerk □Sub-director □ Director Director General □ Ph.D □Professor
5) **What is your opinion about Korea-Africa cooperation since the beginning in 2006 of the Korea-Africa Forum? please tick off the most appropriate**
   □ Very confident □ preoccupied □ Disappointed
6) **Have you ever visit Cameroon or a Francophone country in Africa? If yes, please give the reasons. If not, please tick off here □ if yes, please choose the matches reasons below:**
   □ Official □ Business □ Tourism □ Private
7) **How did you find your stay?**
   □ Very good experience □ fairly good experience □ bad experience
8) **Which parts of the African continent do you like much? Please give three reasons.**
   □ East Africa □South Africa □ West Africa □ Central Africa □North Africa

   Reasons : □ welcoming people □ easiness to communicate □ business opportunities □ Political stability □ good governance of the country

9) Which factors determine the Government of Korea to intensively cooperate with one or another country in Africa? Give three main reasons

☐ Political stability ☐ good governance of the country
☐ Mineral resources ☐ Raw material ☐ Market capacity
☐ easiness to communicate ☐ extreme poverty

10) Do you agree with those who believe that cooperation between Korea and Cameroon or francophone African countries is weak? Please choose

☐ No I do not Because: ☐ The trend of Korean investments is getting high

☐ Both parties have regular meetings
☐ Others please write down

……………………………………………………………………………

……………………………………………………………………………

☐ Yes I do Because :

☐ The volume of Korean investments is low

☐ Relations are cold

☐ Others please write down

……………………………………………………………………………

……………………………………………………………………………

11) According to you what are the different threats of the cooperation between Korea and Cameroon?

☐ Communication barriers ☐ Economic environment

☐ Governance ☐ Lack of interest of the Government of Cameroon

☐ Others

12) According to you, can Korea massively invest where there are not significant natural resources in Africa?

☐ Yes of course ☐ Yes but it depend ☐ No

13) According to you, is there any strategy of cooperation with Africa different from that of China or Japan, two mains actors on the Continent?

□ No

□ Yes because: □ Korea prioritizes human capacity building □ Korea uses local manpower □ Korea is ready to transfer its know how to technology

14) If Central African countries were to be compared with East and West African countries, would you consider the former as privileged, marginalized or ignored actors in the deployment strategy of Korea in Africa? Please explain why

□ Privileged

□ Marginalized

□ Ignored

Because:

....
....
....
....
....
....
....

The survey could be forwarded to: joachimted@yahoo.fr or contact: 010 7180 0695

THANK YOU FOR YOUR KIND CONTRIBUTION

QUESTIONNAIRE FOR CAMEROONIAN OR AFRICAN OFFICIALS

Research Topic : "the new Korean's Economic Diplomacy in Africa: case of Cameroonian's infrastructural development "

This survey aims at investigating on the threats and challenges of the cooperation between Korea and francophone Africa in general and Cameroon in particular. Results of the survey will be used in the frame of a Master Degree Programme in International Development and not for any other purpose.

1) Main Occupation ☐ Government Official ☐ Private business ☐ Teacher

2) What is your opinion about Korea-Africa cooperation since the beginning in 2006 of the Korea-Africa Forum? please tick off the most appropriate

☐ Very confident ☐ preoccupied ☐ Disappointed

3) Have you ever visit Korea? If yes, If not, please tick off here ☐ if yes, please choose the matches reasons below:

☐ Official ☐ Business ☐ Tourism ☐ Private

4) How did you find your stay?

☐ Very good experience ☐ fairly good experience ☐ bad experience

5) Which factors determine the Government of Korea to intensively cooperate with one or another country in Africa? Give three main reasons

☐ Political stability ☐ good governance of the country ☐ Mineral resources

☐ Raw material ☐ Market capacity ☐ easiness to communicate ☐ extreme poverty

6) Do you agree with those who believe that cooperation between Korea and Cameroon or francophone African countries is weak? Please choose

□ No I do not Because: □ The trend of Korean investments is getting high

□ Both parties have regular meetings

□ Others please write down

……………………………………………………………………………
……………………………………

□ Yes I do Because : □ The volume of Korean investments is low

□ Relations are cold

□ Others please write down

……………………………………………………………………………
……………………………………………………………………………

7) According to you what are the different threats of the cooperation between Korea and Cameroon?

□Communication barriers □ Economic environment

□ Governance of Cameroon □ Lack of interest of the Government

□ Others

8) According to you, can Korea massively invest where there are not significant natural resources in Africa?

□ Yes of course □ Yes but it depend □No

9) According to you, is there any strategy of cooperation with Africa different from that of China or Japan, two mains actors on the Continent?

□No

□Yes because: □ Korea prioritizes human capacity building □ Korea uses local manpower □ Korea is ready to transfer its know-how to technology

10) If Central African countries were to be compared with East and West African countries, would you consider the former as privileged, marginalized or ignored actors in the deployment strategy of Korea in Africa? Please explain why

□ Privileged

□ Marginalized

□ Ignored

Because:

....
....
....
....
....
....
....

The survey could be forwarded to : joachimted@yahoo.fr or contact: 010 7180 0695

THANK YOU FOR YOUR KIND CONTRIBUTION

Annexe 2 : Dépouillement et interprétation des questionnaires

1) Quasiment toutes les personnes interrogées ont déjà été en Corée en voyage officiel et surtout ont beaucoup apprécié le séjour. En effet, ces personnes sont des fonctionnaires qui ont bénéficié du programme de Master en Développement international HUFS-KOICA.

2) Plusieurs facteurs peuvent déterminer l'intérêt d'un pays africain pour la Corée. Selon 53 % des interviewés, la bonne gouvernance et l'accès au marché seraient les raisons fondamentales. À côté de ces deux premières raisons, viennent respectivement les facteurs liés aux ressources naturelles et minières (46 %) à la stabilité politique (40 %). L'extrême pauvreté et la facilité à communiquer constituent des facteurs marginaux (30 %).

3) 63 % de personnes sont d'avis que la Coopération entre la Corée, le Cameroun et l'Afrique centrale en général est faible, principalement parce que les investissements de ce pays dans la zone sont faibles, comparés à ses investissements en Afrique de l'Est et de l'Ouest. Il peut justement en être ainsi parce l'Afrique centrale serait justement perçue par les investisseurs internationaux, en dehors de ceux des pays comme la Chine ou l'Inde, comme une zone à risque élevée pour leurs investissements, raison tirée de ce que, ce sont des pays qui connaissement de nombreux problèmes de gouvernance et de démocratie, contrairement aux pays de l'Afrique de l'Est et de l'Ouest.

4) Les fonctionnaires camerounais africains estiment que les différentes menaces à la coopération avec la Corée peuvent être rangées par ordre décroissant comme suit : la mauvaise qualité de l'environnement économique et des affaires (53 %) la mauvaise gouvernance (43 %), les barrières de la communication (40 %) le manque d'intérêt du gouvernement camerounais (16 %).

5) D'aucuns estiment (50 %) que l'accent mis par la Corée sur le renforcement des capacités des agents de ses partenaires africains est une stratégie efficace, mais différente des autres pays tels que la Chine ou le Japon. Une autre opinion (26 %) pense que la Corée,

contrairement à ces deux derniers pays, est prête à transférer la technologie aux Africains. Cette opinion fonde sa position sur le fait que les sociétés coréennes qui gagnent des marchés de réalisation ou de construction d'ouvrages sur le continent emploient la main-d'œuvre locale, et ce à tous les niveaux de la chaîne du projet, ce que ne font par exemple pas les Chinois dans les mêmes conditions.

6) 46 % de personnes interrogées pensent que le Cameroun est un pays marginal dans la stratégie de déploiement de la Corée en Afrique. Ceci serait le résultat de la mauvaise gouvernance et de la qualité de l'environnement des affaires. Mais 33 % pensent plutôt que le Cameroun est un pays privilégié parce que les investissements de la Corée au Cameroun vont en s'accroissant. Les arguments avancés par chacune de ces positions nous semblent convaincants. Tout dépendrait alors de l'angle d'analyse. En effet, dans une perspective comparative de la coopération entre la Corée et le Cameroun d'une part et d'autre part entre ce même pays et d'autres pays africains, on peut considérer que le Cameroun est marginalisé dans la mesure où il ne fait pas partie des pays que la KOICA qui sont considérés comme « prioritaires » pour les aides en Afrique. Ces pays sont en réalité les cinq principaux destinataires de ses aides. Que ce soit du côté de la KOICA ou de la KEXIM bank, le Cameroun ne figure pas dans la liste des top five.

Annexe 3 Une infrastructure réalisée par la Corée au Cameroun

Table des matières

DÉDICACE 5

PRÉFACE 7

INTRODUCTION GÉNÉRALE 11

1re PARTIE : LES RESSORTS DE LA DIPLOMATIE ÉCONOMIQUE CORÉENNE AU SERVICE DES INFRASTRUCTURES AFRICAINES 23

Chapitre 1 : Les finalités du redéploiement de la Corée du Sud en Afrique 29

1. La préservation de la puissance économique de la Corée 30

1.1. La sécurisation des matières premières stratégiques, moteur de la croissance des entreprises coréennes 30

1.2. La conquête des marchés africains, terrains fertiles pour l'écoulement du *know how* et du *made in Korea* 33

2. Le besoin d'affirmation de son statut de puissance moyenne internationale 36

2.1. Les éléments caractéristiques du statut de puissance moyenne de la Corée du Sud 36

2.2. La quête d'un positionnement entre agressivité chinoise et force tranquille japonaise sur le continent africain 39

Chapitre 2 : Les approches et les moyens d'action de la Corée du Sud sur le continent 43

1. Les institutions au service des ambitions économiques de la Corée du Sud 43

1.1. Des cadres de rencontres rénovés 44

1.2. L'appui des acteurs institutionnels et infra étatiques 46

2. Le renforcement de l'Aide Publique au Développement en faveur de l'Afrique.......... 50

2.1. Rétrospective de l'APD Coréenne en Afrique depuis 2006 52

2.2. Les infrastructures, nouvelles priorités de l'APD Coréenne sur ce continent africain.......... 56

2e PARTIE : L'ENGAGEMENT DE LA CORÉE DU SUD DANS LE DÉVELOPPEMENT DES INFRASTRUCTURES AU CAMEROUN 63

Chapitre 3 : Les investissements de la Corée dans le domaine des infrastructures au Cameroun 67

1. Revue des projets financés par la Corée 67

1.1. Projets financés ou à financer sur prêt de la Corée du Sud.......... 67

1.2. Les projets sur don coréen.......... 71

2. Évaluation des engagements de la Corée au Cameroun par rapport à d'autres pays asiatiques et par rapport à l'Afrique subsaharienne 75

2.1. Ses engagements par rapport à la Chine et l'Inde 75

2.2. Ses engagements par rapport au Ghana et au Sénégal 82

3. Les contraintes de la présence coréenne dans le secteur des infrastructures au Cameroun 84

3.1. Les contraintes liées à l'extrême concurrence des entreprises en quête des projets. 84

3.2. Les contraintes liées à la perception du Cameroun et de la Corée du Sud.......... 87

a) Les contraintes liées à la perception du Cameroun par la Corée et ses entreprises.......... 87

b) Les contraintes liées à l'intérêt relatif du Cameroun pour la Corée.......... 90

Chapitre 4 : La nécessité du passage d'une diplomatie de développement à une réelle diplomatie économique : éléments pour une redynamisation de la coopération entre la Corée et le Cameroun 93

1. La Corée, une alternative intéressante pour l'atteinte des objectifs de développement du Cameroun ? 94

1.1. Son statut de puissance moyenne et sa volonté de concurrencer la Chine et le Japon sur le continent 94

1.2. La fiabilité et l'actualité de son expertise en matière d'innovation technologique 96

2. L'impérieuse nécessité d'un réajustement de l'appareil diplomatique du Cameroun 98

2.1. La pertinence de l'implantation des représentations du Cameroun à l'étranger 98

2.2. La restructuration opportune des services extérieurs du Cameroun 103

CONCLUSION GÉNÉRALE 111

BIBLIOGRAPHIE 115

ANNEXES 125

Annexe 1 : Les questionnaires administrés 127

Annexe 2 : Dépouillement et interprétation des questionnaires .. 133

Annexe 3 Une infrastructure réalisée par la Corée au Cameroun 135

Économie et Entreprise aux éditions L'Harmattan

Dernières parutions

LE BIG BANG DES NOUVELLES ROUTES DE LA SOIE
Dhomps Pierre, Tsiang Henri - Préface de Jean-Pierre Raffarin
L'ambition des Nouvelles Routes de la Soie, aussi appelées BRI (Belt and Road Initiative) est de relier la Chine à l'ensemble du continent eurasiatique et à l'Afrique par des voies de communication terrestres et par le renforcement des voies maritimes. La priorité est donnée au co-développement économique entre les 65 pays et régions concernés et la Chine, grâce à une connectivité et une participation active. Ce projet considérable va de pair avec la volonté du président chinois Xi Jinping de faire retrouver à la Chine sa place éminente.
(21.50 euros, 198 p.)
ISBN : 978-2-343-13604-2, ISBN EBOOK : 978-2-14-005318-4

MARCHÉ DU LOGEMENT ET AIDES PUBLIQUES
Cornuel Didier
Si le prix des logements est élevé, dit-on, c'est que l'offre serait insuffisante. Ce diagnostic est erroné. En réalité, l'offre est excédentaire. La stabilité du prix des loyers et l'explosion de la vacance en sont la preuve. La politique du logement basée depuis plus de 10 ans sur ce diagnostic ne peut être ni efficace ni pertinente. Après avoir précisé la place du logement dans l'économie, l'ouvrage examine les principales aides publiques en la matière pour en réaliser une évaluation économique et suggérer des réformes.
(Coll. Logiques sociales, 22.50 euros, 218 p.)
ISBN : 978-2-343-13579-3, ISBN EBOOK : 978-2-14-005322-1

L'ART DE LA DIPLOMATIE ÉCONOMIQUE
Kemache Fouad
La diplomatie économique, pilier de la politique étrangère de la France sous François Hollande, répondait à plusieurs impératifs : résorber le déficit commercial du pays et freiner sa désindustrialisation. Quant à la Chine, elle l'emploie largement pour étendre son influence globale. La diplomatie économique permet de comprendre la manière dont les États tentent de préserver leurs intérêts stratégiques. En apparence attrayante, cette forme de diplomatie limite l'action extérieure d'une nation au commerce.
(14.50 euros, 126 p.)
ISBN : 978-2-343-13139-9, ISBN EBOOK : 978-2-14-005154-8

L'ACCORD DE LIBRE-ÉCHANGE
Entre l'Union européenne et le Canada – Tout savoir sur le CETA/AECG
Favari Danièle
Moins connu que le TAFTA, le CETA entré en application provisoire le 21 septembre 2017, est tout aussi préoccupant et ne prend pas en compte l'enjeu climatique. Au-delà de la suppression des droits de douane et des contingents agricoles, cet accord dit de « nouvelle génération » ouvre la voie à la privatisation des services publics et à une harmonisation des normes qui facilite les échanges commerciaux. L'accord porte atteinte au droit à réguler des États membres bien inquiétant pour les investisseurs. Il importe de découvrir toutes les facettes de cet accord entre UE et Canada.
(17.00 euros, 156 p.)
ISBN : 978-2-343-13080-4, ISBN EBOOK : 978-2-14-004991-0

CLÉS D'ACCÈS AU XXIIe SIÈCLE (T. 1)
La destruction créatrice, une illusion ravageuse
Simonin Jean-François
Il faut revenir sur le concept de destruction créatrice formulé en 1942 par Joseph Schumpeter. Il fait office d'évidence pour les élites économiques et politiques de la mondialisation. Mais c'est une ineptie de penser que la destruction pourrait être créatrice. Elle est à l'origine de la myopie écologique et anthropologique de l'économie mondialisée du XXIe siècle. Il faut donc enterrer définitivement cette illusion. Il s'agit d'identifier ses sources, ses tenants et aboutissants pour désamorcer sa puissance ravageuse. C'est la première étape de la reconstruction d'un projet de civilisation.
(22.00 euros, 216 p.)
ISBN : 978-2-343-13307-2, ISBN EBOOK : 978-2-14-005095-4

CLÉS D'ACCÈS AU XXIIe SIÈCLE (T. 2)
De nouveaux matérieux pour de nouveaux futurs
Simonin Jean-François
Depuis que nous sommes entrés dans l'ère de l'anthropocène, nous n'avons plus grand-chose à attendre d'un surcroît d'ingénierie chimique, nucléaire, génétique, climatique, numérique ni financière pour consolider l'avenir de la civilisation occidentale. Pourtant, de nouveaux outils et idées surgissent aux interstices des logiques libérales. Cet essai recense ces nouveaux matériaux qui permettent d'envisager d'autres futurs. En réalité, ils sont nombreux et certains semblent assez consistants pour fonder une nouvelle culture. Il faut imaginer ce qui permet de les cristalliser dans un nouveau projet de civilisation.
(22.00 euros, 216 p.)
ISBN : 978-2-343-13306-5, ISBN EBOOK : 978-2-14-005096-1

DE L'ENTREPRISE À LA COMMUNAUTÉ ENTREPRENEURIALE (T. 5)
Traité de gouvernement
Amado Jean
À l'heure où la France est confrontée à “une guerre économique”, ce sont les entreprises qui constituent le corps de bataille. Or dans l'entreprise les salariés sont toujours considérés comme des tiers uniquement reliés à elle par un simple contrat de louage de service. Cet ouvrage entend affirmer que les apporteurs de finance et les apporteurs de travail doivent devenir les citoyens de la même entreprise considérée comme une communauté entrepreneuriale ; tous ces apporteurs étant liés par un même lien de solidarité afin de dégager un profit suffisant pour assurer la survie de leur commune entreprise affirmant ainsi la fin de la lutte des classes.
(Coll. Questions contemporaines, 13.50 euros, 114 p.)
ISBN : 978-2-343-13120-7, ISBN EBOOK : 978-2-14-005087-9

PILOTER SON ENTREPRISE
De l'accompagnement aux choix stratégiques
Salvaire Claude
Cet ouvrage propose une méthode simple pour que tout patron de PME comprenne, rédige, applique sa propre vision stratégique et en mesure les effets. Elle se base non seulement sur une présentation théorique mais surtout sur des exemples concrets qui illustrent le déroulé de toute stratégie. S'y trouvent réunis les outils pour gérer et développer une entreprise, qu'il s'agisse de calcul de rentabilité, d'action commerciale ou de gestion du personnel. L'ouvrage présente des indicateurs et des tableaux qui permettent au créateur d'entreprise de définir son cadre de référence et ses plans d'action.
(Coll. Vivre l'entreprise, 18.00 euros, 168 p.)
ISBN : 978-2-343-13165-8, ISBN EBOOK : 978-2-14-005041-1

LA RÉSILIENCE DES ORGANISATIONS
Les fondamentaux
Teneau Gilles
Les organisations évoluent de plus en plus dans un contexte où le rythme des turbulences et des chocs s'accélère. Comment pouvons-nous créer les conditions pour l'émergence de la résilience,

cette aptitude à faire face au choc, à s'adapter ou à rebondir ? Quelles sont les différentes trajectoires possibles en situation de crise ? Cet ouvrage aborde les grands concepts de la résilience des organisations ainsi que les stratégies à mettre en œuvre.
(Coll. Perspectives organisationnelles, 26.00 euros, 264 p.)
ISBN : 978-2-343-13176-4, ISBN EBOOK : 978-2-14-005089-3

LE MARKETING D'INFLUENCE
Stratégies au quotidien pour le chef d'entreprise
Mignot Bruno - Préface de Stéphane Ronteix
Les hommes d'affaires anglo-saxons sont culturellement versés dans l'influence, les latins beaucoup moins. Cet ouvrage fait suite au *Mémento de stratégie d'influence à usage du dirigeant d'entreprise* (2015). Associer la stratégie d'influence au marketing s'avère très naturel tant les objectifs du marketing nécessitent de créer, améliorer, consolider la perception qu'ont les consommateurs d'un produit ou les clients d'un service. Un outil pour les dirigeants d'entreprise et décideurs avides de transformer leur énergie d'entrepreneur en avantages concurrentiels.
(Coll. Diplomatie et stratégie, 17.50 euros, 158 p.)
ISBN : 978-2-343-13430-7, ISBN EBOOK : 978-2-14-005086-2

PENSÉE OU INTELLIGENCE ARTIFICIELLE ?
De la stratégie à la formation, l'humain au cœur du numérique
Marquis François-Xavier
Les nouvelles technologies du numérique interviennent dans toutes les composantes de notre environnement et nous touchent de façon transversale. Pourtant, la transvertalité n'est pas naturelle à l'humain. Notre culture nous a habitués à raisonner de façon verticale, par domaine. Les technologies du numérique interviennent de façon transversale, ce qui ne nous est pas naturel. Acteur et utilisateur du numérique depuis 40 ans, l'auteur nous interpelle sur les enjeux humains et sociétaux de l'ère du numérique, de la stratégie d'entreprise à la formation professionnelle.
(16.50 euros, 154 p.)
ISBN : 978-2-343-13326-3, ISBN EBOOK : 978-2-14-005061-9

PETITES ENTREPRISES DANS L'HISTOIRE INDUSTRIELLE
Sous la direction de Cédric Perrin
Les petites entreprises ont longtemps été négligées par les économistes, les historiens et les pouvoirs publics. Leur contribution à l'histoire industrielle a été ignorée dans les processus de croissance et d'industrialisation depuis la fin du XVIIIe siècle. Après la Seconde Guerre mondiale, l'hégémonie conceptuelle de la productivité et de l'efficacité du fordisme ont contribué à ériger la grande entreprise en modèle. Mais le ralentissement de l'économie dans les années 1970 a permis de reconsidérer le rôle de la petite entreprise.
(Coll. Marché & organisations, 24.50 euros, 232 p.)
ISBN : 978-2-343-13200-6, ISBN EBOOK : 978-2-14-004875-3

L'OMC DE MARRAKECH À WASHINGTON (1994-2017)
Sous la direction de Jean-Claude Martinez
Préface Andrés Rhode Ponce. Avant-propos Jawad Kerdoudi
Postface Maria Claudia Lacouture.
Créée en 1994 à Marrakech, l'Organisation mondiale du commerce (OMC) fut un temps un succès. Puis cette mécanique multilatérale s'est enrayée. Depuis la crise de 2008, la tentation du repli est revenue, dont l'engouement pour les taxes douanières. L'OMC se trouve en porte-à-faux. Tandis que les États retournent au bilatéral et au régional, l'OMC permet l'égalité entre petits États et géants économiques. Il faut donc « sauver le soldat OMC » et inventer des droits de douane déductibles. Ce livre expose un droit modulable, remboursable, négociable et bonifiable. Il réconcilie libre commerce et protection sociale.
(30.00 euros, 290 p.)
ISBN : 978-2-343-12249-6, ISBN EBOOK : 978-2-14-004770-1

GOUVERNANCE ET RESPONSABILITÉ SOCIÉTALE DES PME

Ouvrage collectif rédigé sous la direction de Daniel Corfmat et Marc Chambault

L'enjeu majeur du XXIe siècle sera de concilier développement rentable, progrès social et économique, et équilibre de la planète. Entreprises et États doivent accélérer la transition pour un nouveau type de croissance. L'entreprise moyenne est directement concernée. Le moteur principal de sa survie sera sa bonne gouvernance. La R.S.E. (la Responsabilité Sociétale de l'Entreprise) fait partie de plain-pied de la stratégie de conduite de l'entreprise. Comment la définir, la mettre en œuvre ? Quels en sont les véritables enjeux ?

(Coll. Gouvernance et entreprise, 11.50 euros, 84 p.)

ISBN : 978-2-343-12244-1, ISBN EBOOK : 978-2-14-004739-8

LES ASSUREURS FACE AUX GÉANTS DU WEB

Google, Apple, Facebook, Amazon

Kouomegne Laurelle - Préface de Patrice Michel Langlumé

Google, Apple, Facebook et Amazon (les GAFA) détiennent des milliards de données personnelles qui, filtrées par des algorithmes et l'intelligence artificielle, sont vendues à des entreprises comme les assureurs auxquelles elles servent de levier commercial ciblé. Les plus grands assureurs sont contraints d'acquérir ces données pour leurs campagnes de marketing et le développement de nouvelles garanties et de nouveaux services. Il importe de prévenir toute velléité de domination «à outrance» des GAFA.

(12.50 euros, 106 p.)

ISBN : 978-2-343-11539-9, ISBN EBOOK : 978-2-14-004530-1

LES FLUCTUATIONS ÉCONOMIQUES

Une synthèse nouvelle

Landais Bernard

Ce livre ambitionne de donner à ses lecteurs une approche synthétique nouvelle des phénomènes de fluctuations et des crises économiques. Condensant un grand nombre de faits remarquables et d'expériences internationales, en se focalisant sur la « grande récession » de 2008, l'auteur nourrit sa réflexion de la littérature économique et l'illustre de scénarios simples. Son apport majeur est la synthèse innovante « Océan », basée sur la Nouvelle Synthèse Néo-Keynésienne (NSNK), intégrant les considérations financières, mais surtout les anticipations si importantes dans l'explication des déséquilibres.

(Coll. L'esprit économique, série Cours Principaux, 19.00 euros, 164 p.)

ISBN : 978-2-343-12950-1, ISBN EBOOK : 978-2-14-004639-1

LA FINANCE : UN PRISME FRAGILE

Galavielle Christine

Le cheminement au gré des écrits des grands auteurs permet de jeter le doute sur l'interprétation qui fait de l'équilibre toujours retrouvé la pierre angulaire du profil de la finance. Les vecteurs qui ébranlent la quiétude de l'équilibre sont multiples : à partir de biais cognitifs et motivationnels des agents économiques que nous sommes, on en vient à la mise en question de l'indépendance, de la stationnarité et de la continuité des évolutions. Les efforts entrepris depuis les crises récentes témoignent de la volonté d'une solidification du monde financier, mais il faut douter de leur succès futur.

(Coll. Logiques économiques, 29.00 euros, 290 p.)

ISBN : 978-2-343-12572-5, ISBN EBOOK : 978-2-14-004368-0

Structures éditoriales du groupe L'Harmattan

L'Harmattan Italie
Via degli Artisti, 15
10124 Torino
harmattan.italia@gmail.com

L'Harmattan Hongrie
Kossuth l. u. 14-16.
1053 Budapest
harmattan@harmattan.hu

L'Harmattan Sénégal
10 VDN en face Mermoz
BP 45034 Dakar-Fann
senharmattan@gmail.com

L'Harmattan Cameroun
TSINGA/FECAFOOT
BP 11486 Yaoundé
inkoukam@gmail.com

L'Harmattan Burkina Faso
Achille Somé – tengnule@hotmail.fr

L'Harmattan Guinée
Almamya, rue KA 028 OKB Agency
BP 3470 Conakry
harmattanguinee@yahoo.fr

L'Harmattan RDC
185, avenue Nyangwe
Commune de Lingwala – Kinshasa
matangilamusadila@yahoo.fr

L'Harmattan Congo
67, boulevard Denis-Sassou-N'Guesso
BP 2874 Brazzaville
harmattan.congo@yahoo.fr

L'Harmattan Mali
Sirakoro-Meguetana V31
Bamako
syllaka@yahoo.fr

L'Harmattan Togo
Djidjole – Lomé
Maison Amela
face EPP BATOME
ddamela@aol.com

L'Harmattan Côte d'Ivoire
Résidence Karl – Cité des Arts
Abidjan-Cocody
03 BP 1588 Abidjan
espace_harmattan.ci@hotmail.fr

L'Harmattan Algérie
22, rue Moulay-Mohamed
31000 Oran
info2@harmattan-algerie.com

L'Harmattan Maroc
5, rue Ferrane-Kouicha, Talaâ-Elkbira
Chrableyine, Fès-Médine
30000 Fès
harmattan.maroc@gmail.com

Nos librairies en France

Librairie internationale
16, rue des Écoles – 75005 Paris
librairie.internationale@harmattan.fr
01 40 46 79 11
www.librairieharmattan.com

Lib. sciences humaines & histoire
21, rue des Écoles – 75005 Paris
librairie.sh@harmattan.fr
01 46 34 13 71
www.librairieharmattansh.com

Librairie l'Espace Harmattan
21 bis, rue des Écoles – 75005 Paris
librairie.espace@harmattan.fr
01 43 29 49 42

Lib. Méditerranée & Moyen-Orient
7, rue des Carmes – 75005 Paris
librairie.mediterranee@harmattan.fr
01 43 29 71 15

Librairie Le Lucernaire
53, rue Notre-Dame-des-Champs – 75006 Paris
librairie@lucernaire.fr
01 42 22 67 13

www.ingramcontent.com/pod-product-compliance
Lightning Source LLC
LaVergne TN
LVHW021236061026
849535LV00008B/3076
* 9 7 8 2 3 4 3 1 4 7 8 4 0 *